陳福成編著

文學叢刊

在北京《黃埔》雜誌反思

文史哲出版社印行

國家圖書館出版品預行編目資料

在北京《黃埔》雜誌反思 / 陳福成編著. -- 初版.
-- 臺北市：文史哲出版社, 民 113.01
頁： 公分.（文學叢刊；478）

ISBN 978-986-314-663-6 (平裝)

855 11300367

文學叢刊 478

在北京《黃埔》雜誌反思

編著者：陳福成
出版者：文史哲出版社
http://www.lapen.com.tw
登記證字號：行政院新聞局版臺業字五三三七號
發行人：彭正雄
發行所：文史哲出版社
印刷者：文史哲出版社
臺北市羅斯福路一段七十二巷四號
郵政劃撥帳號：一六一八〇一七五
電話886-2-23511028 · 傳真886-2-23965656

實價新臺幣三二〇元

二〇二四年（一一三年）一月初版

ISBN 978-986-314-663-6 10478

1 黄埔雜誌

HUANGPU
黄埔
为黄埔同学立言 为祖国统一尽力
黄埔军校同学会主办
2018.5
忠勇赴国难
——浙江黄埔老兵的家国情怀
献给百岁抗战老兵的生日赞歌

HUANGPU
黄埔
为黄埔同学立言 为祖国统一尽力
黄埔军校同学会主办
2018.4
30
创刊三十周年
1988-2018

HUANGPU
黄埔
为黄埔同学立言 为祖国统一尽力
黄埔军校同学会主办
2019.1
黄埔女兵与抗战岁月
沙场殒命 壮志无违
老书回家
天地英雄气 千秋尚凛然

HUANGPU
黄埔
为黄埔同学立言 为祖国统一尽力
黄埔军校同学会主办
2018.6
黄埔军校分校概览
——武汉分校(下)
我与黄埔老兵
中央陆军军官学校

在北京《黃埔》雜誌反思 2

HUANGPU
黄埔
为黄埔同学立言 为祖国统一尽力
2019.3
黄埔军校同学会主办
黄埔军校分校概览
——长沙分校
中国的百年航母梦
抗日烽火中一位黄埔四期生的"任命状"

HUANGPU
黄埔
为黄埔同学立言 为祖国统一尽力
2019.2
纪念《告台湾同胞书》
发表40周年
人民日报
告台湾同胞书

HUANGPU
黄埔
为黄埔同学立言 为祖国统一尽力
2019.5
黄埔精神与中华民族伟大复兴
父亲的家国情怀
陸軍軍官學校

HUANGPU
黄埔
为黄埔同学立言 为祖国统一尽力
2019.4
黄埔军校分校概览
——南昌分校、洛阳分校·第一分校
发扬黄埔精神 促进祖国统一 致力复兴伟业

3　黃埔雜誌

HUANGPU
黄埔
为黄埔同学立言 为祖国统一尽力
黄埔军校同学会主办
2020.1
英雄不会被忘记
江苏黄埔抗战老兵访谈录

HUANGPU
黄埔
为黄埔同学立言 为祖国统一尽力
黄埔军校同学会主办
2019.6
内蒙古黄埔同学
风采录

HUANGPU
黄埔
为黄埔同学立言 为祖国统一尽力
黄埔军校同学会主办
2020.3
南京保卫战老兵采访纪实

HUANGPU
黄埔
为黄埔同学立言 为祖国统一尽力
黄埔军校同学会主办
2020.2
黄埔军校分校概览
——昆明分校

序：一入黃埔門，終身黃埔人

孫中山先生在民國十三年六月十六日，黃埔軍校開學典禮時有一篇訓詞，這篇訓詞筆者在學生時代至少讀過幾百次，軍校七年早晚讀訓必讀。這篇訓詞題名〈孫總理對陸軍軍官學校開學訓詞〉（簡稱〈訓詞〉）。

〈訓詞〉有兩個重要的核心內容。第一是承認民國建立到十三年間，都是失敗的，開宗明義總理就說，「只有民國之年號，沒有民國之事實。像這樣看來中國革命十三年，一直到今天，只得到一個空名。所以中國十三年的革命，完全是失敗，就是到今天，也還是失敗。」

民國已經成立十三年了，為什麼總理一直強調「失敗」？〈訓詞〉提到兩個根本原因，一是軍閥割據造成國家分裂，二是列強勢力入侵使中國面臨被瓜分的危險。這兩個原因，使中國成為民窮財盡的弱國，重新回到滿清末年被瓜分亡國的情況。

〈訓詞〉接著說，「所以今天在這個地方開這個軍官學校，獨一無二的希望，就是創造革命軍，來挽救中國的危亡。」最後再強調說，「有了這種理想上的革命軍，我們的革命，便可以大功告成，中國便可以挽救，四萬萬人不至滅亡，所以革命事業，就是救國救民，我一生革命，便是承擔這種責任。諸君都到這個學校內來求學，我要求諸君，便從今天起，共同擔負這責任。」

孫中山先生在民國十三年所指出中國面臨的兩大亡國危機，經三代中國人的努力，那兩大危機還存在嗎？「一入黃埔門、終身黃埔人」，身為黃埔人要深入、冷靜、理性，從戰略的高度去思考這個問題。

第一個大危機，軍閥割據造成國家分裂。這個問題現在還存在嗎？許多人一定說不存在了，因為沒有軍閥了，只是兩岸尚未統一。但大家想想，軍閥的本質就是地方割據政權，若長期存在可能成為獨立國家，中國將重回戰國時代。那麼，今之「台獨偽政權」和軍閥政權有何不同，只有形式名號的不同，本質上都是中國之地方割據政權，是一種「非法政權」，是導至國家分裂、至今仍未能完成統一的根本禍源。

第二個大危機是列強邪惡勢力入侵。今天西方帝國主義「列強」還有能力入侵我中國嗎?就以現在（二〇二一年到二〇二三年間之戰略態勢）來看，所謂的西方「列強」，英、法、意、加、澳等外含日韓，似乎經常還很囂張，其實都是做給他們老闆（美國）看的，不得已只好來秀一下存在感。但實際上，這些國家都已無法和中國「平起平坐」了，乃至當中國的「對手」也不夠格，說能「挑戰」中國，那是自大的科幻！

地球上現在能當我中國「對手」，只有一個美帝，但其霸權已在快速衰落中，幾年來從拜登、布林肯以下高官，天天吵著要到北京求見習主席，而我們根本不想鳥他們，就知道強弱實力的消長。但不可否認，美帝仍是全球最大強權，只是「一超」已成過去，仍有能力干預我們的統一大業，兩岸之未能統一，台獨勢力之高漲，其主因就是美帝的存在干預。

「一入黃埔門、終身黃埔人」，身為黃埔人，我深入思考孫中山先生百年前所指出的中國兩種根本禍害，百年後的今天並未完全根除，我們中國仍未完成國家統一，美帝為首的西方帝國主義干預黑影仍在。我要告訴海內外的中國人，「革命尚未成功，國家尚未統一，國人仍須努力」，仍須與美帝鬥爭！

因此，北京《黃埔》雜誌，高舉「為黃埔同學立言、為祖國統一盡力」之建社宗旨，和黃埔軍校成立的宗旨是一致的，同樣在追求我們中國的主權獨立和領土統一。換言之，這也是中國人百年來的「中國夢」！

順帶一述，筆者所有著、編、譯作品（如書末目錄），都放棄個人所有版權，贈為中華民族之文化公共財。凡在中國地區（含台灣）內，各出版單位均可自由印行，不須筆者同意，廣為發行流傳，嘉惠每一代炎黃子孫。此吾至願，亦我之中國夢。

中國台北蟾蜍山萬盛草堂　主人**陳福成**　誌於
佛曆二五六六年　公元二〇二三年十月

在北京《黃埔》雜誌反思

目次

第一章　意外發現臧克家是黃埔六期

自從二〇一四年三月，我隨「中國全民民主統一會」，應「中國和平統一促進會」邀請，參訪北京、天津的「黃埔同學會」，我獲得北京《黃埔》雙月刊的贈禮。近十年來，我幾乎每期都收到，除了少數中間可能寄掉了！真是感恩該刊的工作同仁。

我喜歡這份雜誌，因為這份刊物正在搶救黃埔的歷史，往昔由於政治原因，兩岸都在刻意隱藏部份黃埔史（人、事、事件等）。如今算是「選擇性的解放了」，兩岸開始願意面對中國現代史的一些真相，黃埔史就是現代史的核心綱領。

近十年來，過著悠閒的退休寫作生活，從未停止在北京《黃埔》雙月刊上散步、漫遊、反思，回顧百年來黃埔老大哥們的輝煌與悲壯。同時也整理雜誌上動人史事，於二〇一八年出版《我讀北京《黃埔》雜誌的筆記》一書。（註一）由大陸所「搶救」出來的黃埔史，台灣地區的黃埔人，絕大多數看不到、不知道，我希望生活在台灣的黃埔人，也能知道更多的黃埔史。畢竟，對兩岸黃埔人而言，黃埔的歷史除了是國家、民族存亡史，也是黃埔人「自己的生命史」，不是嗎？

因此，本書從二〇一八年第四期（總第一八一期）開始，以每期為一章，在每期的內容用心「散步」。感覺與前期老大哥們同在，感受他們悲壯的人生經歷，這是怎樣的一種情懷，文字難以表達啊！

壹、本期（二〇一八年第四期）文章主題

特別策劃：《黃埔》雜誌創刊三十周年

黃埔軍校同學會紀念《黃埔》雜誌創刊三十周年暨黃埔建校九十四周年座談會

鄭建邦，〈在座談會上講話〉

戴均良，〈在座談會致詞〉

林上元，〈在座談會致詞〉

孫儒，〈黃埔雜誌是在徐帥關懷下創辦的〉

李庚起，〈黃埔雜誌創刊三十周年感懷〉

李忠誠，〈小事感人更難忘〉

單補生，〈黃埔相伴皆緣分〉

陳予歡，〈黃埔雜誌與口述歷史〉

梁維德，〈我與《黃埔》雜誌〉

王澤勛，〈黃埔雜誌滋潤我們一家三代〉

時政（兩岸時政、軍事天地、情系黃埔）

徐家勇，〈蔡英文當局執政兩周年述評〉

吳亞明，〈海峽兩岸二〇一八年四到五月大事記〉

馬誠，〈警惕美國對台軍售變本加厲〉

陳萬中，〈兩代人的黃埔情緣〉

香港黃埔軍校後代親友聯誼會，〈黃埔人黃埔情：襄鄂尋訪記〉

張琪，〈正月裡，我向老兵敬個禮〉

人物與歷史（黃埔人生與黃埔前輩）

雪音，〈敵進我進！李運昌將軍冀東抗戰傳奇〉（上）
張遵道、姚惠珍，〈懷念黃埔軍校同學會會員李雪〉
喬鍾鳴、劉瑩，〈故鄉情愛國心統一夢：追憶父親喬光銳〉
單補生，〈煌煌佩劍不受纖塵：淺談抗戰時期黃埔佩劍〉
楊守禮、黃勝利，〈碧血千秋映乾坤：悼念兩個抗日陣亡兒子的動人祭文〉
賈曉明，〈一九二七年二月六日，國民革命軍第一軍教導師改稱第二十師〉
王炳忠，〈我是台灣人更是中國人〉（十）

貳、碧血千秋映乾坤：吳少岳祭兒文、天地同哭

楊守禮、黃勝利，這篇寫吳少岳老人的祭兒文，讀起來還是非常感動人心的，甚至天地同哭啊！只要是中國人，讀來無不淚下。全文抄錄給更多中國人看看！

爲敏惠兩兒招魂於巴渝黃山文

吳少岳　一九四三年七月

中華民國三十二年，癸未歲夏七月吉日，余以清香一柱，為吾為國捐軀之敏惠兩兒，招魂於巴渝黃山之巔，為父而哭之日。

嗚乎兩兒！汝等竟均為國身死沙場乎？雖曰光榮，但余之肝腸寸裂矣！

憶汝兄弟，幼齡失母，賴汝繼祖母撫而成立。時余為革命流亡於外，家無恒產，生活尚困，故無力送汝等學。思嘗恐汝等因無知識而易走入於邪途，以為家國辱。而不料汝等竟有今日光榮之死。余心欣慰，然亦至痛也。

世亂見忠奸。自盧溝橋事變後，無名英雄以血肉作砲灰者，不知幾億萬，然自甘成仁者當亦不多。敏兒在豫志願投入三十一集團軍，雖余有書促汝為之，然汝體素弱，能毅然出征而無畏，自與驅之沙場者有別。惠兒自息烽受訓後，不甘苟安後方，自請潛入陷區，明知湯火，汝決心蹈赴，更出余意望之外。

嗚乎兩兒！汝等已先後成仁矣，事非勉強，且為余所心許，余又何憾！

余又何悲！惟所不能已於懷者，骨肉之情及余父職不無稍虧為痛耳。

嗚乎兩兒！強寇日益猖狂，人心仍競於自私，怒濤汹浪將無平息之期。余老矣，既無力為國，更不知死所。汝等有知，其亦（是否也能）依余魂夢，一慰余殘喘餘生乎！

嗚乎兩兒！汝繼祖母年邁八十，她垂老之心，猶在作兩孫衣錦榮歸之夢，而不料汝等已先後骨枯原草矣！汝等有知，其亦化作螢光一點，飛歸故里，一慰其幻想乎。

嗚乎兩兒！汝體弱之繼母，自敏兒音訊杳然後，已因傷感而日促老邁，茲又得惠兒凶耗，更不知作若何悲痛。她本憂患餘生，復遭此激刺，此後將與余益趨暗淡之境。汝等有知，其又將何以慰其痛苦乎。

嗚乎兩兒！汝弟全兒，面貌酷肖惠兒，假令成器，余尚存者，余當令其以承汝等未竟之志。汝等有知，其亦暗中維護，而使其厥疾早療，以健其體魄乎。

嗚乎兩兒！蜀山迢遙，香煙漂渺，日落風淒，幽冥邃奧。魂兮來歸！一聆余訓告乎！

我中華民族四百年來，因這個搬不走的惡鄰入侵，死傷不計其數。（從明朝第一次倭國亡華之戰、滿清末年甲午亡華之戰、民國又有第三次滅亡中國之戰）。小日本鬼子是中華民族的災難。因此，筆者以畢生之力，欲喚醒中國人的天命，應在本世紀中葉前消滅日本（核武較佳），使其亡族亡國，至少已在十本著作如此論述。（註二）這「大不和惡種」不滅亡，全亞洲永遠沒有好日子過，女人們遲早又被抓去當「慰安婦」。

張遵道、姚惠珍寫的懷念黃埔同學會先進會員李雪一文，一九一五年出生在天津的李雪，於一九三六年天津師範畢業，又投考黃埔軍校，十三期交通科。後幹到上校補給處長，解放後在大學任教多年，二〇一二年五月仙逝，有「黃埔教授」傳奇之一生。

喬鍾鳴、劉瑩所寫追憶父親喬光銳一文，喬光銳，一九一四年七月四日，出生在武昌，原籍貴州鎮遠，黃埔軍校八期步科。一九四七年時，任憲兵獨立第一營營長，解放後回鄉自謀營生，也期許為兩岸統一做貢獻，一九七九年十二月仙逝。

參、意外發現著名詩人臧克家是黃埔六期

在張遵道、姚惠珍這篇懷念李雪的文章，提到詩人臧克家是黃埔六期。對我而言，這是一個新發現，我從來只知道臧克家是詩人，不知道他是黃埔六期老大哥，在我所著《中國新詩百年名家作品欣賞》一書，介紹他的作品。（註三）也仍把他當純粹的詩人，針對這個新發現，簡介其人與作品。

臧克家（一九〇五—二〇〇四）。原名臧瑗望，山東諸城縣臧家莊人。一九二六年入讀黃埔武漢分校，並參加北伐，比序黃埔六期。一九三〇年考入山東大學國文系，成為聞一多的學生，從此成為一個詩人。

臧克家被譽為「中國農民詩人」，一生出版了很多詩集，如《烙印》、《罪惡的黑手》、《運河》、《從軍行》、《泥土的歌》、《古樹花朵》、《臧克家詩選》等。賞讀一首〈壯士心〉。

江菴的夜和著春燈殘了，
壯士的夢正燦爛地開花，

枕著一卷兵書，一支劍，
燈光開出了一頭白髮。

突然睜大了眼睛，戰鼓在催他，
（深殿裡木魚一聲又一聲）
跨出門來，星斗恰似當年，
鐵衣上響著塞北的朔風。

前面分明是萬馬奔騰，
他舉起劍來嘶喊了一聲，
從此不見壯士歸來，
門前的江湖夜夜澎湃。

一九三四年四月十一日 於青島

〈壯士心〉作於國難當頭，寫一個古代劍客般的壯士，一時頓悟，迎向戰場，大有一去不歸的決心。全詩簡潔，內容豐富，那個時代的青年，為抵抗小日本鬼子入侵，個個都是無畏的壯士。欣賞另一首作品，〈從軍行—送珙弟上前線〉。

今夜，燈光格外親人，
我們對著它說話，
對著它發呆，
它把我們的影子列成了一排。

為什麼你低垂了頭，
是在抽回憶的絲？
在咀嚼媽媽的話，
當離家的前夕？

忽然你眉頭上疊起了皺紋，
一絲皺紋劃一道長恨！
我知道，你在恨敵人的手

撕破了故鄉田園的圖畫
你在恨敵人的手
拆散了我們溫暖的家。

大時代的弓弦
正等待年輕的臂力，
今夜，有燈光作證，
為祖國你許下了這條身子。

明天，灰色的戎裝
會把你打扮得更英爽，
你的鐵肩上
將壓上一支鋼槍。
今後，
不用愁用武無地，

敵人到處
便是你的戰場

一九三七年十二月十一日

這首詩寫於抗戰開始不久，送親人上前線，原是帶著耽心安危與送別，又必須鼓舞豪情的事，這首詩兩者都有生動的表現，以堅定奮發的情境，推展出樂觀而光榮的前景！

「為了祖國你許下了這條身子」。參與抗戰雖是我上二代人的事，但我從留下的史記，知道當時有無數中國青年男女，也都「許下了這條身子」，中國得以不亡於倭鬼。現代中國之崛起、強盛，民族得以復興，生生世世的中國人，永遠要記著無數人的犧牲！

註釋

註一　陳福成，《我讀北京《黃埔》雜誌的筆記》（台北：文史哲出版社，二〇一八年十月）。

註二　陳福成，可見《日本問題終極處理》（二〇一三年）、《日本將不復存在》（二〇二二年），都是台北文史哲出版社發行。

註三　陳福成，《中國新詩百年名家作品欣賞》（台北：文史哲出版社，二〇二一年元月），頁六〇—六三。

第二章　浙江黃埔老兵的家國情懷

壹、《黃埔》二〇一八年第五期文章主題

特別策劃（浙江黃埔老兵）

〈中國遠征軍通訊兵的鄉愁：訪百歲抗戰黃埔老兵徐逸容〉
〈關山明月故鄉情：訪百歲抗戰黃埔老兵應邦銘〉
〈黃埔抗戰老兵的百年沉浮：訪抗戰黃埔老兵徐式昌〉
〈抗美援朝立大功：訪百歲抗戰黃埔老兵張一鳴〉
〈開國大典的飛行隊：訪黃埔老兵胡景濂〉
〈黃埔教育長之子的促統聯誼三十年：訪黃埔老兵吳兆寧〉

時政（專題、兩岸、軍事天地）

袁恒楊，〈傳承黃埔精神　促進祖國統一：第十二屆黃埔論壇〉

劉匡宇，〈大勢、逆勢、新機：兩岸關係與島內政局半年回顧〉

吳亞明，〈海峽兩岸二〇一八年六到七月大事記〉

楊勝雲，〈美陸戰隊若進駐 AIT 將危及台海安全〉

黃忠漢，〈改革開放給了我嶄新的人生〉

人物（黃埔老兵、人物春秋、歷史）

張繼欽，〈百歲抗戰老兵的生日贊歌：江西黃埔同學萬麓斌〉

陳予歡，〈張申府與黃埔軍校〉

雪音，〈敵進我進：李運昌將軍冀東抗戰傳奇〉（下）

左中儀，〈拼命三郎：黃埔高教班二期生七子彬將軍〉

單補生，〈漫話黃埔軍官升遷之路〉

李迅，〈孫中山的外國副官馬坤〉

賈曉明，〈一九二六年二月二十日，惲代英在《黃埔潮》第三十五期發表《黨紀與軍紀》〉

王炳忠，〈我是台灣人更是中國人〉（十一）

貳、八位黃埔老大哥生平簡介

《黃埔》雜誌二〇一八年第五期，特別策劃了〈浙江黃埔老兵的家國情懷〉，詳盡的採訪報導六個尚在人間的黃埔老大哥。當時多位已百歲，到筆者寫本文時（二〇二三年九月），又過了五年，不知他們尚在人間否？

感恩《黃埔》雙月刊的同仁們，及時「搶救」了我黃埔老大哥們的個別生命史，也是現代中國史的一部份。六位同是浙江省人而不相識的黃埔老人，因黃埔軍校和共同家國情懷，而交織在一起。另也介紹了江西的萬麓斌（黃埔十七期）、河北七子彬（黃埔高教班二期）。

徐逸容：一九一八年十一月，出生在浙江省永康城塘，父親種田為生，家有十多畝地，一九三七年中學畢業後，前往南京報考陸軍官校，錄取成為十四期生，他選了無線電（通訊）。一九四二年參加中國遠征軍到緬甸，抗戰勝利後，他選擇回永康老家，耕田為生，自食其力，娶妻生子，有三男三女，全家福約有六十人，這是對中華民族最大的貢獻。

應邦銘：一九一九年七月廿三日，出生在浙江嶺北鎮富家塢，從小受小叔（父親弟弟應為坊，投身黃埔，後幹到少將）影響，應邦銘也在中學畢業後，考入黃埔七分校（在西安王曲），序為十六期軍需科。

〈關山明月故鄉情〉一文，寫到應邦銘隨七分校師生行軍，經浙、閩、贛、湘、桂、黔、豫、陝九省，行程一萬多華里，一千五百師生在路途中，患病翻船殉難九十二人。大家報國之心仍不減，也是驚天地泣鬼神！是校史上光輝的一頁。

應老大哥到一九四八年時，是聯勤徐州補給區經理處上校主任。一九四九年後，他厭倦了戰爭，回家帶著妻小種田，過平靜的田園生活。

徐式昌：一九一九年十二月十三日，出生在杭州市淳安縣（原遂安縣）浪川鄉大塘村神門坑。一九三九年六月，考入黃埔三分校（校部在江西瑞金），一九四一年夏畢業，序同十六期步科。

徐式昌因緣際會投身「忠義救國軍」（戴笠的部隊），直到一九四六年忠義救國軍解散。內戰開始打，他也厭倦了打仗，回到南京溧水與查逸青結婚，他們育有兩男四女，全家福也是三十多口人，其樂融融！

張一鳴：一九一九年十二月廿四日，出生在浙江省海寧縣路仲鎮，父親張桂榮在鎮上開一間小茶館。一九三八年，十八歲的他參加了海寧縣抗日鐵血救國團，約兩年後考入黃埔七分校（校部在西安）。一九四三年以黃埔十八期畢業，為步科。

到抗戰勝利時，張一鳴大約是一個上尉軍官，到一九四九年國軍從上海撤退時，他成為留守人員，順勢就被解放軍接收了，他成為解放軍的文化幹部。不久又隨軍到了朝鮮打「抗美援朝」戰爭，直到一九五五年才奉調回國，在朝鮮待了三年多。

回國後他返鄉教書、務農，後來還開了羊毛衫廠。張一鳴有兩個兒子，長子張建，師範畢業當老師。次子張偉，海軍學院畢業成了海軍軍官。老大哥很安慰說：「一個是人民教師，一個是海軍軍官，全都繼承了我的事業。」

胡景濂：生年不詳（一九三四年在溫州讀小學，判斷生於一九二〇年代）。一九三七年考入黃埔軍校十四期步科，一九三九年秋畢業，被分發到「軍校空軍入伍生總隊」，成為「少尉班長」，因想當飛行員「在空中打敵人」，又考入飛行學校。到一九四二年十二月，才從空軍軍士學校畢業。

畢業後分配到新疆伊寧空軍教導隊，期間因軍銜仍是軍士，而非軍官，鬧了罷課「學潮」，一九四三年冬，含胡景濂在內有廿三名軍士，被重慶軍法處收押，從此飛行夢當然就碎了。

關了兩年多出獄後，一九四六年回到故鄉，因哥哥胡景璜和弟弟胡景森，都已是共產黨員，他還有什麼路可走？一九五〇年成為中國民航公司駕駛員。往後，新中國初建，他對空軍也有大貢獻。

他的人生有一亮點，一九四九年十月一日，開國大典中，第一代空軍駕機編隊飛過天安門上空，他負責飛行檢閱的地面工作。大典完成後，應邀參加了在北京豐澤園舉行的宴會。

吳兆寧：一九二九年農曆四月十五日，出生在南京。三歲時被送回家鄉浙江東陽新城（今東陽江鎮新東村），由祖父母撫養成人。一九四八年杭州安定高中畢業後，受父親影響，考入黃埔二十三期。（時陸軍官校在成都，關麟征當校長，吳兆寧的父親吳允周當教育長。）

「黃埔二十三期」，是老校長蔣公心中的「最痛」，這是所有台灣地區黃埔師生都知道的事，在台灣鳳山軍校校史館裡，也沒有二十三期，成了黃埔史的禁區。

按吳兆寧所述，二十三期新生有一千多人，只有四百多人來報到，一九四八年十二月開課。因時局惡化，一九四九年十一月三十日，蔣公中正集合二十三期官生，宣佈提前畢業和遷校事宜。

一九四九年十二月廿二日，吳兆寧的父親奉命先到海口，後轉往台灣。吳兆寧則隨軍校師生和教導團二千多人，在教育處長李永中帶領下，在遷校途中宣佈起義，人員全部編入解放軍第十八軍團第六十軍教導團。

關於一九四九年底，二十三期在何種狀況下「起義」？始終是一團迷霧。按余所著《廣州黃埔到鳳山黃埔》，收錄〈為什麼以前沒聽過黃埔二十三期〉一文，一九四九年九月八日，軍校有三名軍官與共產黨西南工作組秘密聯繫，包含教育處少將處長李永中（黃埔三期）、特種兵少將總隊長蕭平波、另一少將蕭步鵬。（註一）

一九四九年十一月初，蔣公中正第二次到軍校。李永中和蕭平波計劃扣押蔣公後起義，但蕭步鵬把計劃先告訴蔣公，蔣公乃乘機離開，接下來就是李永中帶領起義（投共）之事。

以上說法存在一些不合理的地方，例如蕭步鵬即參與秘密聯繫共產黨，做起義的準備，怎麼可能會把「扣押蔣」的事告訴蔣公？所以老校長蔣公不是因怕被「扣押」才離開的。蔣公在大陸的最後一天，是一九四九年十二月十日，從成都黃埔軍校回台北。（註二）離開原因就是大勢已去，不得不回台北了！

蔣公為挽救最後的時局，一九四九年十一月十八日來到重慶，他帶來「白團」兩個重要人物，富田直亮和荒武，這兩個倭人負責指導中國西南地區的抗共戰線。但到十二月七日，戰況已然無可挽回，不得不下決心放棄重慶。（註三）好好守住台灣才是重點！

故事回到二三期的吳兆寧老大哥，不久他上了朝鮮打「抗美援朝」戰役，回國後回老家務農。兩岸開放後他四次台灣之旅，也做了很多促進統一的交流工作。

萬麓斌：他的故事也很傳奇。一九一八年出生在江西省南昌市安義縣，一九三七年考入西南聯合大學中文系，一九四〇年三月又考入黃埔軍校第五分校(在昆明)，成為十七期生，次年初畢業就上前線參加「上高會戰」，戰後隨軍到了緬甸、印度。

一九四四年五月在「卡馬英戰役」打通滇緬公路後，奉調回國駐守湖南衡陽，又趕上「衡陽保衛戰」。勝利後他擔任青年軍復員工作，一九四九年意外到了台灣，還當過東引少將指揮官。

一九六〇年因太想家了，設法軍職外調香港負責僑務工作，一九八三年因在港工作出色，升了中將，次年退休；一九八五年六月回到江西安義，與離別三十六年的妻兒重逢。此後三十年，他香港、江西兩地來去，直到年事已高，有人問他有什麼願望未了，他大聲說：「希望有生之年看到兩岸和平統一！」

啊！和平統一！已經過了幾代人了，相信只要是中國人，不論過了幾代人，統一的信念仍是絕對堅持的。和統無望時，武統也可以接受，統一的價值高於一切，這就是為什麼俄國人一定要打烏克蘭的道理！

乜子彬：一九〇一年三月十四日，出生在河北省景縣劉鎮乜村，一九一四年在馮玉祥的西北軍從軍，廿五歲就幹到營長，馮贊為「拼命三郎」。一九三四年九月，乜子彬從黃埔高教班第二期畢業。

抗戰開打，乜子彬將軍戰功輝煌，娘子關、台兒庄、武漢會戰、隨棗會戰、棗宜會戰、石牌保衛戰等，乜將軍立下赫赫戰功。

一九四九年時，乜將軍隨陸軍總醫院到了台灣，一九五一年二月二十日因病辭世。本以為乜將軍的事蹟，從此灰飛煙滅了！直到一九九〇年代，乜將軍的老部下（在台）王宏遠先生，托北京黃埔同學會找乜將軍的妻兒。有了結果後，老部下捧著老長官的骨灰來到北京，交給遺孀黃新亞女士和女兒乜俊芳。寫到這裡！我眼淚都快要掉下來了！

乜將軍當第三十一師師長時，駐防湖北宜昌石牌，他在附近山崖留有「還我河山」「爭取勝利」手書石刻。並曾親立一座〈陸軍第三十一師抗敵各戰役陣亡將士紀念碑〉，原碑現藏湖北省宜昌市石牌抗戰紀念館。現將碑文抄錄如下：

溯自七七事變，抗戰軍興，本師馳驅南北，喋血疆場。首創敵於房山，繼告捷於娘子關。廿七年春，台兒庄會戰，以訓練未滿三月之兵，擋敵精銳強悍之師，我官兵猶能堅守半城於一壁一室間，火光熊熊中搏鬥苦撐，開巷戰未有之先河，遂造成輝煌之戰績。同年秋，敵犯武漢，師再布陣於大別山，孤軍苦戰，力卻強敵，浴血搏鬥達十八晝夜，士氣之壯，犧牲之烈，可動天地而泣鬼神。　如廿八冬，摧堅破銳，桐棗蕩寇，勢如破竹。荊當逐北，殲敵於襄水花孝，挺進揚威於淮源。凡此諸役，我忠勇將士為國犧牲者達萬餘人。三十二年夏，師於豫南受命援鄂，銜枚急趨，冒暑長征，殆達戰地，適敵潰竄，而我近萬健兒咸以未能參戰為憾。旋奉令接防石牌，扼守要塞，肩荷重寄，以懼以榮。十一月十八日，為策應常德會戰，九十一團二營五連攻擊中堡山，官兵神勇，力搏敵壘，前仆後繼，爭相先登，受傷不退，裹創殺敵者幾十餘人，尤屬英烈。三十三年六月，湘省戰起，攻勢再興，我九十二團第三營，累取翠福山，九、十兩日，先後猛攻，克敵堅堡四座，官兵凱唱，士氣鼓舞。方期一舉，掃蕩□□，直搗宜沙，乃以戰略所關，功虧一簣，而官兵殉國者又近百數餘。躬親戰陣，靡役不從，袍澤殺敵之勇，犧牲之烈，歷歷在目。每當風暗晦冢，兀然斗室，緬懷忠良，憂戚無已。爰於石牌西側，四方山之陽擇地，鳩工築公墓於其上，策劃經營兩月告成。從此忠骸有寄，九原歡騰，上撫中樞崇德報功之意，下酬烈士成功成仁之舉。仰樹枕戈待旦之風，並作同仇敵愾之氣，豈僅以武功彪炳寰宇也哉！謹述顛末，而　是邦人士觀感云爾。

師長：乜子彬　謹志

中華民國三十三年八月十三日立

歷史絕不成灰，尤其我中華兒女為救亡圖存，為打敗小日本鬼子，而成仁取義的民族生存史，怎能成灰。我總設法保存、發揚，使後代炎黃子孫們，也能多知道一點前代人多大的犧牲，才有今天中華民族之復興！有今天中國之崛起富強！人民過著有尊嚴的日子！

這個碑文，字字擲地有聲，句句可感動天地。不僅是第三十一師陣亡官兵的悼文，也是抗戰史之一部。正是所謂：「石牌巍峨，江水奔流；黃埔精神，天長地久！」

註釋

註一　陳福成，《廣州黃埔到鳳山黃埔：四十四期畢業五十週年暨黃埔建校建軍百年紀念》（台北：文史哲出版社，二〇二三年八月），詳見第七章。

註二　郝柏村，《郝柏村解讀蔣公日記——一九四五—一九四九》（台北：天下遠見出版股份有限公司，二〇一一年六月十六日），看一九四九年十一月到十二月之部。

註三　野島剛著，蘆荻譯，《最後的帝國軍人：蔣介石與白團》（台北：聯經出版事業股份有限公司，二〇一五年元月），第四章。

第三章　武漢分校的四川籍黃埔女兵

壹、《黃埔》二〇一八年第六期文章主題

特別策劃

〈武漢分校〉（下）

楊友紅，〈一九二六年川籍女性從軍述論〉

于岳，〈我收藏的武漢分校第七期同學錄：兼談各時期黃埔同學錄的制作〉

時政（兩岸、情系黃埔）

潘維德，〈「引條措施」：為台灣同胞謀福祉〉

吳亞明，〈海峽兩岸二〇一八年八到九月大事記〉

顧少俊，〈我與黃埔老兵〉

黎原，〈我與黃埔軍校同學會〉

人物春秋與歷史

陳予歡，〈胡公冕與黃埔軍校〉

郭庶英，〈難忘的一天〉

余良模，〈金石不隨波松竹知歲寒：紀念我的父親余賢俊〉

安集文，〈我的抗日家庭〉

歐云臻，〈中央陸軍軍官學校憲警班〉

單補生，〈漫話黃埔軍官升遷之路〉（下）

賈曉明，〈一九二六年二月廿三日，廣州國民政府軍事委員會任命李濟深為參謀總長

王炳忠，〈我是台灣人更是中國人〉

貳、簡介六位黃埔老兵

黃埔軍校在武漢先後有三次設分校：（一）北伐時期的中央軍事政治學校武漢分校（一九二六年十月到一九二七年七月）、（二）國共鬥爭（也是內戰）時期的中央陸軍軍官學校武漢分校（一九二九年四月到一九三二年三月）、（三）抗日時期的中央陸軍軍官學校武漢分校（後改第二分校）（一九三六年元月到一九四五年七月）。（註一）

北京《黃埔》雜誌二〇一八年第六期，楊友紅的〈一九二六年川籍女性從軍述論〉一文，介紹四個有代表性的考入北伐時期的黃埔軍校武漢分校。

女狀元陳德芸（一九〇八—一九八五）：又名德馨，小名玉仙，四川涪陵（今屬重慶市）人。重慶第二女子師範學校畢業後，一九二五年經游曦介紹加入共產主義青年團，一九二六年十二月以陳德芸之名報告黃埔軍校武漢分校。當時有三十名川籍女性報考，經復試她是錄取考生的榜首，從此有「女狀元」之譽。

在學期間，她經惲代英介紹，認識武漢軍事委員會作戰科副科長劉骞（川籍）。之後一九二七年六月，她被編入中央獨立師女生大隊宣傳隊，參加討伐楊森和夏斗寅。寧漢分裂後，女生大隊被遣散，離校後與劉骞結婚，解放後致力於掃盲教育和社會工作。一九八五年九月十三日，陳德芸病逝於成都，享年七十八歲。

民國少將胡蘭畦（一九〇一—一九九四）：一九〇一年農曆六月廿二日，出生在四川成都北門內醬園公所街一戶著名的「反清世家」，父兄都是反清健將。毓秀女子師範畢後，一九二〇年冬任教於華陽縣立女學，一九二五年與川軍第三師政治部副主任陳夢雲結婚，次年隨夫到廣州，結識了周恩來、鄧穎超、何香凝、宋慶齡、李濟深、李宗仁等要人，後在中央黨部婦女部工作。

一九二六年秋，她回川領導婦女運動，不久考入黃埔軍校武漢分校。但一九二九年，被蔣公中正點名驅逐出境（原因不詳或待查），次年留學德國又加入德共，再赴蘇聯工作。

一九三六年回國，擔任何香凝政治秘書。抗戰期間，任上海戰地服務團團長和軍委會少將指導員。解放後任全國政協委員，並致力文史工作，一九九四年胡蘭畦逝世於北京，享壽九十三歲。

廣州起義的游曦（一九〇八—一九二七）：原名游傳玉，一九〇八年三月廿六日，生於四川巴縣嘉陵江畔大陽溝。一九二二年秋考入重慶女二師，次年蕭楚女來當國文老師，游傳玉受其啟發加入共青團，改名游曦。

一九二五年冬，她進入重慶中法大學學習，次年再考入黃埔軍校武漢分校，並積極參加政治運動。一九二七年她擔任共青團支部委員和女兵班班長，參與「廣州起義」，因失利來不及撤退，她在此役壯烈犧牲，才正當花樣年華的十九歲！

民族英雄趙一曼（一九〇五—一九三六）：原名李坤泰，學名李淑寧，曾化名李一超，俄文名科斯瑪秋娃，趙一曼是她一九三五年起在東北工作的化名，並一直流芳至後世。她一九〇五年九月廿七日，出生在四川宜賓縣徐家鄉（今白花鎮）。

她在一九二三年加入共青團，一九二六年冬考入黃埔軍校武漢分校。一九二七年「四一二事件」後隨軍西征，「七一五事件」後，被編入第二方面軍教導團，隨部隊到江西，不久被派往蘇聯學習。

回國後從事地下工作，擔任東北抗日聯軍第三軍第二團政委，一九三六年八月被捕就義。她成仁取義的事蹟，後來拍成電影《趙一曼》，在全國上映。她的一生如她的詩，〈濱江抒懷〉言：

誓志為國不為家，涉江渡海走天涯；
男兒豈是全都好，女子緣何分外差？
一世忠貞興故國，滿腔熱血沃中華。

白山黑水除敵寇，笑看旌旗紅似花！

以上是四位一九二六年考入武漢分校的川籍女性簡介，也是我黃埔老前輩。最可惜是游曦，死時才花樣年華的十九歲，廣州起義（國民黨方面叫廣州暴動），嗚乎我中國！烈士或叛徒？革命或造反？功臣或罪人？已經爭了一百年了，至今仍無解。

余賢俊（一九〇二—一九五〇）：一九〇二年十一月十一日，生於浙江衢縣破石村，錢塘江上游烏溪江畔，如桃花源意境的美景。

據余良模（余賢俊的兒子）所述，余賢俊少有鴻鵠之志，雖以優異成績考取上海大學中文系，因胸懷報國，進了黃埔軍校五期生。畢業後在南京校本部負責編輯《黨軍日報》。一九三〇年參加中原大戰，戰後任《安徽民國日報》總編輯並代社長，並主編《安徽半月刊》，一九三二年任特別黨部主任，一九三四年任軍委會中校編纂，一九三五年任國民政府檔案室主任。

一九三七年他任閩浙贛皖邊區主任公署上校參議，這年還參加了淞滬會戰，一九四一年奉命組建抗日游擊隊，次年參加浙贛會戰，一九四三年轉任衢縣縣黨部監察常委兼總工會理事長，勝利後獲頒忠勤勛章。一九四九年起東北某大學任教，一九五〇年十二月在浙江衢縣逝世。

安廷璧（七分校軍訓班十六期）：安集文這篇〈我的抗日家庭〉，回顧他的上一代，父親安廷璧和三哥、四哥、五哥、六哥全都參加了抗日戰爭，三哥四哥都在戰場上英勇犧牲，抗擊小日本鬼子。可惜本文年代大多沒有明確記下，可請文史工作者進一步詳述。

安廷璧，一九二九年六月，出生在河北省石家庄市靈壽縣。（判斷）他是黃埔七分校軍訓班十六期畢業後，參加了青年軍的遠征軍二〇六師六一七團，師長是鍾彬中將，曾經與同師在六一六團當營長的蔣緯國是戰友。

安廷璧在他《八十敘懷》一書有首詩：「戰地狼煙起，平地響驚雷。十五從虎賁，十萬青年軍。平生效古訓，馬革裹屍還。山河美如畫，談笑靜胡沙。」

黃埔軍校的各分校，通常有分校班隊期別和等同黃埔本校期別兩種。如果是短期學員班隊，就只有分校班隊的期別，沒有黃埔本校期別。

黃埔七分校一九三八年成立，一九四五年裁撤為西安督訓處，校址從天水、鳳翔，再到西安王曲。七年間培養四萬多人，大多短期班隊，可詳參《黃埔軍校分校史料匯編》一書。

註釋

註一 陳福成，《廣州黃埔到鳳山黃埔：四十四期畢業五十週年暨黃埔建校建軍百年紀念》（台北：文史哲出版社，二〇二三年八月），詳見第二章，〈廣州黃埔到鳳山黃埔〉。

註二 北京《黃埔》雜誌社，《黃埔軍校分校史料匯編》（北京：二〇一七增刊），見〈第七分校〉章。

第四章　內容豐富的一期

北京《黃埔》雜誌二〇一九年第一期，內容極為豐富，介紹的黃埔前輩多達數百人，很有史料價值。因為每一個加入黃埔的人，在那中華兒女團結抗倭的時代，必有壯烈的故事，人物很多，本文僅以最簡述之。

壹、本期文章主題

特別策劃

陳予歡，〈黃埔女兵與抗戰歲月〉

時政（兩岸、軍事天地、情系黃埔）

徐家勇，〈二〇一八年台灣九合一選舉結果分析及影響觀察〉
吳亞明，〈海峽兩岸二〇一八年十到十一月大事記〉
周軍，〈海面上能飛行的船只〉
李傳璽，〈沙場殞命　壯志無違：謁戴安瀾故居〉
龔玉和，〈我採訪抗戰老兵劉淵〉

人物春秋與歷史研究

蒲元、姜金鋒，〈黃埔軍校走出的史學家：黃仁宇〉
劉旭，〈離開中國後的加倫將軍〉
于岳、焦國強，〈老書回家：訪第二分校百歲黃埔老人高尚志〉
馮宗堯，〈抗戰老兵的愛國情懷〉
靳守愚，〈國民政府末任河南省主席趙子立將軍〉
李俞兵，〈黃埔軍人石振綱的風雨人生〉
王樹人，〈黃埔軍校任職和畢業的著名共產黨人知多少〉
喜饒尼瑪，〈天地英雄氣千秋尚凜然：抗戰烽火中的黃埔軍校藏族學員〉

單補生，〈黃埔軍校體育運動紀念章〉

賈曉明，〈一九二六年二月廿四日，廣州國民政府成立兩廣統一委員會〉

王炳忠，〈我是台灣人更是中國人〉（十二）

貳、黃埔女兵與抗戰歲月

陳予歡這篇〈黃埔女兵與抗戰歲月〉，分在抗日前線、中共根據地、西南大後方三處分述。前線抗日黃埔女兵有：趙一曼、李秋岳、胡蘭畦、彭援華、陶桓馥、危拱之、龍文娛、謝冰瑩、何柏華、駱英豪、蕭運貞、史曼冰。以上趙一曼和胡蘭畦前章已述，謝冰瑩則大名頂頂不用贅述，餘簡略介紹。

李秋岳（一九〇一—一九三六）：朝鮮族，生於朝鮮平安南道，一九二七年考入武漢分校，年底奉派蘇聯學習，一九三〇年回國參加東北抗日聯軍，一九三六年八月被日軍逮捕，九月在通河縣城西門外犧牲。

彭援華（一九〇五—一九九四）：湖南岳陽人，靖任秋夫人，陶桓馥表妹。一九二七年入武漢分校女生隊，後參加葉挺部隊，從事地下工作，抗戰時參加游擊隊，一九四〇年掩護靖任秋兵運工作。新中國成立後，曾任教育部司長，一九九四年十一月十四日病逝上海華東醫院。

陶桓馥（一九〇一—一九九七）：湖南衛陵人，彭援華表姊。一九二七年入武漢分校女生隊，一九三〇年奉派蘇聯學習，回國後曾任河南省婦女部部長，一九三六年參加薄一波領導的抗日決死隊，一九四〇年入延安女子大學。一九四九年出席第一屆全國婦女代表大會、曾任內務部司長等，一九九七年二月廿六日病逝北京。

危拱之（一九〇五—一九七三）：河南信陽人。一九二七年考入武漢分校女生隊，年底參加廣州起義，一九二九年到蘇聯留學，回國後到解放前，擔任中共黨政軍許多要職。新中國成立後，因病在北京休養，一九七三年二月八日，在北京醫院逝世。

龍文娛（一九〇五—一九六七）：湖北武漢人，前湖南省主席、奧軍名將吳奇偉夫人。一九二六年考入武漢分校女生隊，不久隨軍西征，後到九江結識國軍第四軍將領吳奇偉，她隨夫南征北討。一九五三年吳奇偉病逝，她在北京開一所「奇偉托兒所」，一九六七年病逝。

何柏華（一九一一—一九七四）：福建福州人，她的故事也很傳奇，加入共青團後，考入武漢分校女生隊，畢業後參加南昌起義。後曾協助李友邦（黃埔二期），組建「台灣義勇軍」，任義勇軍少年團輔導員。勝利後隨李友邦到台灣，一九四九年又回北京，入讀軍政大學，從事文教工作，一九七四年病逝。

駱英豪（一九一一—一九六二）：湖北崇陽縣人。一九二六年加入共青團，次年入武漢分校女生隊，年底參加廣州起義。之後歲月較多從事婦女工作。新中國成立後，在戲劇家協會的《劇本月刊》工作，一九六二年十月三十日，在北京公安醫院病逝。

蕭運貞（一九〇三—一九八八）：湖北當陽人。一九二七年考入武漢分校女生隊，一九三〇年與譚岳泉（時任湖北省建設廳秘書）結婚，一九四三年譚任建設廳長，她大部時間做抗戰後援工作，勝利後當選湖北省國大代表。一九四九年隨夫到台北，致力幼教三十多年，一九八八年八月十八日病逝於台北。

史曼冰（一九〇七—二〇〇二）：湖北人。黃埔軍校一期生王君培夫人。一九二六年十二月，時任武漢分校政治教官的王君培，與史曼冰結婚，次年她考入武漢分校女生隊。抗戰時她在航空委員會任秘書、專門委員，秘書長是宋美齡，二〇〇二年在紐約病逝。王君培（一八九九—一九四六），抗戰時任第十四師師長、十二軍副軍長，一九四六年秋飛機失事遇難，十月十日追贈中將銜。

隨著中共三大主力紅軍到達陝北，部分黃埔女兵也到延安，或工作或學習，參加長達八年的陝北根據地建設。按史料所記有以下多人。

張瑞華（**一九〇九—一九九五**）：河南信陽人。新中國副總理、元帥聶榮臻夫人，一九二七年考入武漢分校女生隊，曾參加廣州起義，一九二八年與聶榮臻結婚，一九三七年入延安抗日軍政大學，之後擔任很多中共黨政軍要職，一九九五年二月廿三日在北京逝世。

孟慶樹（**一九一〇—一九八三**）：安徽壽縣人，俄文名奧謝特羅娃，莫斯科中山大學畢業後，回國入武漢分校女生隊，一九三〇年與王明結婚。一九三五年她陪同王明在莫斯科，完成並發表《中共中央為抗日救國告全體同胞書》（簡稱《八一宣言》）。她和王明在中共史上，大名貞頂，她於一九八三年九月五日病逝莫斯科。

黃杰（**一九一〇—二〇〇七**）：湖北江陵人。一九二七年考入武漢分校女生隊，抗戰開始後到陝甘寧任婦女聯合會組織部長等職，新中國成立後任第三屆全國人大代表等職。二〇〇七年六月十八日，病逝北京。

周越華（一九〇四—一九七七）：湖北廣濟人。前總後勤部衛生部長、中將賀誠夫人。一九二七年考入武漢分校女生隊，同年底參加廣州起義，隔年在上海與賀誠結婚。她後來工作大多和衛生有關，新中國成立後曾任衛生部計畫檢查局副局長，一九七七年九月十四日在北京逝世。

黃靜汶（一九一一—二〇一六）：湖南湘陰人。一九二七年考入武漢分校女生隊，她一生的工作大約在婦女這領域。新中國成立後，曾任婦女兒童副司長等職。二〇一六年三月十二日病逝北京，她是最後一位離世的武漢黃埔女兵。

曾憲植（一九〇九—一九八九）：湖南雙峰人。一九二七年考入武漢分校女生隊，年底參加廣州起義，失利後到香港、上海工作，就讀華南大學。一九四一年到延安學習，新中國成立後曾任第一屆人大代表、第五屆全國政協常務委員，一九八九年十月十一日病逝廣州。

彭鏡秋（一九〇〇—二〇〇一）：湖南宜章人。一九二七年四月，她參加湖南學兵團，不久學兵團合併到武漢分校女生隊，年底參加廣州起義，次年到香港與吳展（黃埔一期）結婚。一九四五年曾任松江民主婦聯主任。新中國成立後，任黑龍江省人民政府民政廳副廳長、第三、四五屆全國政協委員，二〇〇一年十一月三日，因病在北京逝世。

抗戰爆發後，在西南西北大後方的黃埔女兵有：譚珊英、陳德芸、鍾復光、徐林俠、王冬珍、彭猗蘭、譚樂華、王亦俠、周靜芷、方晚成、劉光慧、蕭石光、唐惟淑、施祖謙、黃炳先。以上陳德芸已在前章介紹，餘簡述生平如後。

譚珊英（一九〇九—一九九二）：湖南茶陵人，一九二七年考入武漢分校女生隊，後又入讀湖南二中師範班，後來很長時間當小學教員。一九九二年二月二日，在湘潭病逝。

鍾復光（一九〇三—一九九二）：四川江津縣人。一九二五年在上海婦女聯合會結識宋慶齡、施存統（青運領袖），次年她和施存統結婚，後二人同到武漢分校，不久和中共組織失聯。曾任重慶江北中興學校校長。新中國成立後，曾任人大代表、政協委員，一九九二年二月，在北京病逝。

徐林俠（一九〇四—一九四九）：江蘇邳縣人，一九二六年底考入武漢分校女生隊，一九二八年擔任中共邳縣婦女部長，同年和同任縣委書記的宋綺雲結婚。他們此生最大的悲慘事件，是因「西安事變」，一九四九年九月六日，夫妻和兒子宋振中，與楊虎城和次子、幼女，被殺害在重慶中美合作所松林坡的「戴公祠」。誰幹的？為何？兩岸說法仍不同，未來歷史將如何定論？

王冬珍（一八九八—一九七七）：河北任縣人。一九二七年武漢分校畢業後，始終擔任國民黨黨政要職，一九四八年為第一屆立法委員。一九四九年後到台灣仍任立法委員，一九七七年九月廿五日，病逝在台北宏恩醫院。

彭猗蘭（一九〇八—二〇一〇）：安徽蕪湖人。黃埔軍校早期籌建人之一、中共早期紅軍第十三軍軍長胡公冕夫人。一九二六年參與籌備武漢分校並任招生委員，次年參加南昌起義。新中國成立後，任職國務院下轄學校之教務主任，二〇一〇年六月廿九日病逝北京。

譚樂華（一九〇七—一九九四）：浙江桐鄉縣石門鎮人。中國人民大學教授，第五、六屆全國政協委員羅髫漁夫人。一九二七年考入武漢分校女生隊，後在中共中央做情報工作，一九三八年被捕，不久由廖承志保釋。新中國成立後，在成都婦聯會工作，一九九四年病逝。

王亦俠（一九〇三—一九九三）：山西臨汾人，曾任中國科學院副院長，中共中央顧問委員會委員張稼夫夫人。一九二七年考入武漢分校女生隊，後隨夫做中共的黨地下工作。新中國成立後，曾任黨委副書記等職，一九九三年三月病逝。

周靜芷（一九〇九—一九八八）：湖南岳陽縣人，一九二七年考入武漢分校女生隊，加入中共地下黨組織，不久又脫離，回岳陽做教育工作。一九三一年與楊幸之（一九四〇年因公殉職前是第六戰區少將副主任）結婚。抗戰勝利後任國民黨專門委員等職，一九四八年第一屆國大代表，一九五一年到台灣仍任國大代表等。一九八八年三月十六日病逝台北。

方晚成（一九〇八—？）：湖北人。一九二七年考入武漢分校女生隊，八月參加南昌起義，此時丈夫陶名溢（黃埔四期）任武漢分校訓育副官，後二人隨軍到南京，此後方晚成行踪不明。陶名溢勝利後曾任國防部少將銜職，新中國成立後，任武漢市政府文史館員等職。

劉光慧（一九〇九—？）：湖北武昌人，一九二七年考入武漢分校女生隊，年底隨軍參加廣州起義，後與蔣銘（武漢分校六期肄業）結婚。抗戰時她隨夫轉戰各地，約一九四二年後行踪不明。蔣銘勝利後曾任武昌市市長等職，新中國成立後任武漢市政府民政科長等職。

蕭石光（一九〇五—？）：一九二七年考入武漢分校女生隊。抗戰後各界成立戰時兒童保育會，一九三八年四月，蕭石光參與「中國戰時兒童保育會湖南分會」組建事宜，此後行踪不明。

唐惟淑（一八九七—一九八〇）：湖南瀏陽人，唐才常之弟唐才中之女，黃埔軍校初創時政治教官陳啟修（後改陳豹隱）夫人。任武漢分校女生隊政治指導員。抗戰後，她在重慶、廣西、上海等法院任書記官。新中國成立後，任上海市人民法院副科長，一九八〇年九月三日病逝於上海。

施祖謙（一九〇七—？）：湖北應山人，一九二七年考入武漢分校女生隊。此後二十年，她因家庭生活所迫，未參加政治活動，只有小學、中學任教。她唯一保存的一張武漢分校畢業證書，現成了僅存文物。

黃炳先（一九〇八—？）：江西吉安人，一九二七年考入武漢分校女生隊，同年底參加廣州起義後，與徐錫根（原是中共黨員，一九三二年被捕轉成國民黨特務）結婚。一九四二年破壞中共的「南委事件」，徐是主使者，黃炳先形同助理者。一九四九年他們移居香港，銷聲匿跡，不知所終。

參、在黃埔軍校任職和畢（肄）業的著名共產黨人知多少

在台灣地區的黃埔人，知道早期黃埔軍校也有共產黨人，但不知其詳，頂多知道幾位著名人物如徐向前。王樹人這篇文章整理出很多「著名」的共產黨人，真是功德一件。分兩部分，先是黃埔軍校任職的共產黨員有：

章琰（一八九六—一九二五，政治教官）、茅延楨（一八九七—一九二五，一期隊長）、郭俊（一八九七—一九二十，一期隊長）、蕭楚女（一八九三—一九二七，政治教官）、熊雄（一八九二—一九二七，政治部主任）、熊銳（一八九四—一九二七，政治部）、孫炳文（一八八五—一九二七，總教官）、安體誠（一八九六—一九二七，宣傳科長）、楊嗣震（一八九五—一九二七，科長兼教官）、徐成章（一八九二—一九二八，特別官佐）、李兆龍（一八九八—一九二八，政治教官）、張秋人（一八九八—一九二八，政治教官）、周廷恩（一九〇〇—一九二八，訓育員）、張滌之（一八八五—一九三〇、特訓班教官）、梁伯隆（一九〇四—一九三〇，軍需）、張競若（一九四—一九三〇，教官）、徐堅（一八九四—一九三〇，特別官佐）、惲代英（一八九五—一九三一，政治總教官）、毛簡青（一八九一—一九三二，政治教官）、魯易（一九〇〇—一九三二，政治部副主任）、胡廷珍（一九〇二—一九三三，政治教官）、應修人（一九〇〇—一九三三，會計）、韓致祥

（一九〇〇—一九三四，政治教官）、毛澤覃（一九〇五—一九三五，政治部）、楊林（一八九八—一九三六，學生隊長）、賀恕（一八九九—一九四七，教官）、袁仲賢（一九〇四—一九五七，政治部）、雷經天（一九〇四—一九五九，宣傳科長）、周恩來（一八九八—一九七六，政治部主任）、陳奇涵（一八九七—一九八一，大隊長）、葉劍英（一八九七—一九八六，教授部副主任）、聶榮臻（一八九九—一九九二，政治教官）、宋日日（一九〇三—一九九五，文書）。

以上三十三人，幾乎大多在很年輕的二十幾歲，就犧牲、就義或被殺害，那是怎樣的年代？中國人專殺中國人。那個年代，不忍打開史頁，不能看，看不下去！另一部份是從黃埔軍校畢（肄）業的共產黨人有：

曹淵（一九〇二—一九二六，一期）、金佛庄（一八九七—一九二六，一期）、張隱韜（一九〇二—一九二六，一期）、蔣先云（一九〇二—一九二七，一期）、譚其鏡（一九〇四—一九二七，一期）、黃鰲（一九〇二—一九二八，一期）、李之龍（一八九七—一九二八，一期）、王爾琢（一九〇三—一九二八，一期）、趙自選（一九〇一—一九二八，一期）、唐澍（一九〇三—一九二八，一期）、劉雲

（一九〇四—一九三〇，一期）、許繼慎（一九〇一—一九三一，一期）、李隆光（一九〇九—一九三一，一期）、蔡升熙（一九〇六—一九三二，一期）、孫德清（一九〇〇—一九三二，一期）、王泰吉（一九〇六—一九三四，一期）、劉疇西（一八九七—一九三五，一期）、宣俠父（一八九九—一九三八，一期）、左權（一九〇五—一九四二，一期）、馮達飛（一八九九—一九四二，一期）、陳賡（一九〇三—一九六一，一期）、曾希聖（一九〇四—一九六八，一期）、周士第（一九〇〇—一九七九，一期）、徐向前（一九〇一—一九九〇，一期）、彭明治（一九〇五—一九九三，一期）、閻揆要（一九〇四—一九九四，一期）、李勞工（一九〇一—一九二五，二期）、盧德銘（一九〇五—一九二七，二期）、陳恭（一九〇五—一九二八，二期）、周逸群（一八九六—一九三一，二期）、肖仁鵠（一八九四—一九三二，二期）、吳光浩（一九〇六—一九二九，三期）、朱雲卿（一九〇三—一九三一，三期）、黃文杰（一九〇二—一九四〇，三期）、常乾坤（一九〇四—一九七三，三期）、唐天際（一九〇四—一九八九，三期）、洪水（一九〇六—一九五五，三期）、李逸民（一九〇四—一九八二，三期）、徐介藩（一九〇一—一九八三，三期）、伍中豪（一九〇五—一九三〇，四期）、李鳴珂（一八九九

—一九三〇，四期）、陳毅安（一九〇五—一九三〇，四期）、陸更夫（一九〇六—一九三二，四期）、段德昌（一九〇四—一九三三，四期）、曾中生（一九〇〇—一九三五，四期）、李天柱（一八九九—一九三五，四期）、劉志丹（一九〇三—一九三六，四期）、袁國平（一九〇四—一九四一，四期）、倪志亮（一九〇〇—一九六五，四期）、王世英（一九〇五—一九六八，四期）、方之中（一九〇八—一九八七，四期）、周文在（一九〇六—一九九四，四期）、郭化若（一九〇四—一九九五，四期）、曹廣化（一九〇五—二〇〇四，四期）、李運昌（一九〇八—二〇〇八，四期）、潘忠汝（一九〇六—一九二七，五期）、何昆（一八九八—一九三〇，五期）、鄧萍（一九〇九—一九三五，五期）、趙尚志（一九〇八—一九四二，五期）、楊至成（一九〇三—一九六七，五期）、陶鑄（一九〇八—一九六九，五期肄業）、許光達（一九〇八—一九六九，五期）、陳伯鈞（一九一〇—一九七四，五期）、宋時輪（一九〇七—一九九一，五期）、程子華（一九〇五—一九九一，五期）、張開荊（一九〇五—一九九一，五期）、廖運周（一九〇三—一九九六，五期）、張宗遜（一九〇八—一九九八，五期）、周維炯（一九〇八—一九三一，六期）、王良（一九〇五—一九三二，六期）、趙一曼（一九〇五—一九三六，六期）、郭天民（一九〇五—一九七〇，六期）、譚希林（一九〇八—一九七〇，六期）、羅瑞卿（一九〇六—一九七八，六期）、黃公略（一八九八—一九三一，高級班）。

以上黃埔軍校畢（肄）業七十四人，都集中在黃埔一到六期。之後期別沒有共產黨人，可能是國民黨在一九二七到一九二八年「清黨」後，國共成了仇人，從此相互撕殺百年，導至國家分裂，二者都是罪過。

肆、高尚志、馮宗堯、石振綱與藏族學員

這期《黃埔》雜誌介紹的黃埔人，還有史學家、十六期的黃仁宇、曾任河南省主席的六期趙子立、十五期高尚志、十八期馮宗堯、三期的戴安瀾、七分校高級教官石振綱（保定八期）、黃埔十六期的藏族學員。以上黃仁宇、趙子立和戴安瀾都是極著名人物，不用再述，其他簡介如下：

于岳、焦國強這篇〈訪第二分校百歲老人高尚志〉，是從《陸軍步兵學校第四

期同學錄》挖出的史料，佩服他們的「黃埔精神」。

高尚志，一九一六年出生在河南南陽。初師範畢業成為教師，後考入黃埔二分校（武漢分校前身），一九三九年十二月畢業，為十五期，分發到陸軍第五十三軍，經歷多次戰役。一九四二年初，他被派往步兵學校西南分校第四期受訓，一九四三年十月畢業。

再分發到軍訓部第六督訓處任上尉督訓官（湖北施恩），不久升少校。勝利後，他覺得使命完成，回老家教書，也曾一度當鄉長。

〈抗戰老兵的愛國情懷〉一文，是馮宗堯的自述文章。馮宗堯，江蘇宜興人。一九四二年十月，黃埔十八期輜重科畢業，正趕上赴印度的遠征軍，到蘭姆伽基地的坦克營當少尉排副。

因為馮宗堯受過機械化訓，所以在基地當很久坦克教練，到一九四四年冬回國。勝利後，他不想打仗了，開小差回宜興老家。新中國成立後，短暫加入解放軍，一九五二年後他大約是在教員、汽車公司工作。

石振綱（一八九九—一九七〇）。石振綱，河北束鹿人，一九一八年考入保定軍校第八期輜重科，畢業後分發在馮玉祥的部隊。後曾任黃埔第七分校（西安王曲）

高級教官、少將主任教官，也算是黃埔人了！

抗戰爆發時，石振綱任第一三二師獨立第二十七旅旅長，在北平廣安門伏擊日軍，大獲全勝。新中國成立後，他於一九五二年退役，轉到陝西銅川石渣廠工作，於一九七〇年病逝河北。「忠於人民、忠於國家」，是他一生的行為準則。

這期《黃埔》雜誌，喜饒尼瑪的文章列了一批黃埔十八期的藏族學員。惟史料不全，僅記其藏族名：周本澤仁、卓麻世加、華洛、有拉加、朋錯、光卻拉旦、札西本、加羊、端智、完麻、卻桑台、卓蓋世杰、朵桑才讓、才排、葉杰才郎、周太、見錯太、卓麻什結、葉協端珠、王才仁、群排丹增。

龔玉和這篇〈我採訪抗戰老兵劉淵〉一文，這位劉淵時任浙江省黃埔軍校同學會會長，但從資料看他並非出自黃埔。劉淵，一九二〇年生於天津，十四歲考取福建馬尾海軍官校。從抗戰到新中國成立，他的貢獻都在海軍，尤其對人民海軍初建，他的貢獻很大。

第五章　再寄語兩岸黃埔人

二〇一八年十月，台北的文史哲出版社出版我的《我讀北京《黃埔》雜誌的筆記》一書。（註一）該書〈序文：寄語兩岸黃埔人〉，在呼籲兩岸黃埔人勿忘孫中山先生創建黃埔軍校之宗旨，是追求中國的富強、繁榮和統一。

追求中國之富強、繁榮和統一，也等於是中華民族之復興，不僅國家強大，人民也過得有尊嚴。這個大目標，正是黃埔人這輩子生命中最重要的價值和人生意義。

假如，身為黃埔人放棄或否定了這目標，他的人生意義剩下什麼？他生命的價值剩

陈福成：为祖国统一尽力
是两岸黄埔人的天职

去年年底，本刊编辑部收到一封来自台北的信，上书：

感谢这几年来《黄埔》杂志社寄给我《黄埔》杂志，谢谢大家珍惜一段缘。

几年来我读这本杂志，记下一些笔记整理成书，名《我读北京〈黄埔〉杂志的笔记》，在台湾出版，大约11月可寄来30本，给大家、校友分享，请查收。

祝平安健康

陆官44期退伍老兵　陈福成

2018年10月24日

随后，收到陈福成先生寄来的30本《我读北京〈黄埔〉杂志的笔记》。书中，有陈先生对近三年来的《黄埔》杂志所作的笔记，也有他阅读的感想和评论。对于编写本书的目的，陈先生在书中写道："笔者完全以放眼未来的心胸，为吾国之完成统一，反'独'促统的大方针，让两岸黄埔人有再尽一份心力的机会，诚如每期《黄埔》杂志刊头有徐向前在1988年3月的题词：'为黄埔同学立言，为祖国统一尽力'。两岸黄埔人有此共识，一定会产生很大力量，为祖国统一尽力，正是吾等黄埔人之天职、天命！"

本刊非常感谢陈福成先生对《黄埔》杂志的厚爱，更对陈先生秉承黄埔军校宗旨，追求祖国统一的立场表示钦佩。现将《我读北京〈黄埔〉杂志的笔记》序言《寄语两岸黄埔人》刊登如下，以飨读者。

寄语两岸黄埔人

陈福成

如何定位这本书？这是一本"读书心得笔记"，读的是由黄埔军校同学会所主持发行的《黄埔》双月刊。说的当然就是将近100年来的黄埔人和事，刊物已发行了30年，到2018年已有180期，我所读到的不过近几年的十几期。

近百年的黄埔人和事，可谓述之不尽、写之不完，比太平洋的水还多。但万法归于一，不论黄埔精神或宗旨，都是追求中国的富强和统一，这个大目标就是孙中山创建黄埔军校最高宗旨。想来，两岸黄埔人都应该清楚明白才对，若说你不知道这个宗旨，或否认这个宗旨，你便不是黄埔人。

大陆现有的黄埔人，多是黄埔1到23期，还在的可能都近百岁了。所以，黄埔人最多是在台湾，从24期到本书出版时是87期（2018年是黄埔建校94周年，6月第87期毕业）。笔者甚为忧心台湾新一代的黄埔人忘了黄埔的宗旨，等于忘了自己存在的意义和价值。寄语两岸黄埔人，为统一做出贡献，这是黄埔人这辈子生命中最重要的价值和人生意义。

是故，寄语《黄埔》双月刊的经营团队，想法令刊物和台湾众多的黄埔人联系起来，对反"独"促统可以产生较大力量。

（台北公馆蟾蜍山万盛草堂主人　陆军官校预备班13期、正期班44期　陈福成志于2018年夏于台北）

下什麼？

該書的出版訊息和書的序文，全文刊於北京《黃埔》雜誌（二〇一九年第二期）（如前圖所示），這正合我要擴大宣揚黃埔精神的需要，就再寄語兩岸黃埔人。

壹、《黃埔》二〇一九年第二期文章主題

特別策劃：紀念《告台灣同胞書》發表四十周年

王升，《告台灣同胞書》的歷史意義

嚴安林，〈國家統一是兩岸關係發展的最佳選擇與必然結果〉

任冬梅，〈回顧《告台灣同胞書》發表四十年的四場座談會〉

許國躍，〈我與台灣島內「三許」情緣：《告台灣同胞書》發表四十周年有感〉

陳萬中，〈心繫黃埔　往事歷歷：回憶《告台灣同胞書》發表後父親陳頤鼎參與的兩岸交流工作〉

兩岸時政、軍事天地與黃埔人物

邱智淵，〈誰是二〇二〇年台灣接班人〉

吳亞明，〈海峽兩岸二〇一八年十二月到二〇一九年元月大事記〉

石稼，〈中國的百年航母夢〉（上）

陳予歡，〈邵力子與黃埔軍校〉

李迅，〈埃德加·斯諾採訪過的黃埔女兵危拱之〉

陳永發，〈一個黃埔同學的堅定信仰：記黃埔同學孫大乾〉

顧少俊，〈黃埔伉儷〉

卜振東、蒲元，〈戰鬥在滇西：黃埔老兵盧彩文小傳〉

歷史研究與黃埔往事

姚德垚，〈我的軍校生活〉

張定勝，〈南京中央陸軍軍官學校門樓遺跡考證〉

單補生，〈黃埔四期同學錄之考證〉

黨德信，〈六屆政協開幕前周振強、羅勵戎等八位文史專員致鄧穎超主席

的信〉

賈曉明，〈一九二六年二月廿六日，蔣介石免除王懋功國民革命軍第一軍師長職務〉

王炳忠，〈我是台灣人更是中國人〉

陳福成，〈為祖國統一盡力是兩岸黃埔人的天職〉

貳、不忘初心、百年不移：黃埔建校宗旨

黃埔建校的背景，是當時國家處於分裂狀態，外受帝國主義強權入侵，必須建立一支有思想的軍隊，才能抵抗外來入侵，完成國家的統一。黃埔軍校在此一背景下誕生，熱血青年紛紛投入救國行列，多少黃埔人拋頭顱、灑熱血，不忘初心，百年不移，為追求中國之統一、富強，為追求民族之復興！

時光無情，近百年過去了！國家仍處於分裂狀態，兩岸問題依然難解，西方強權惡勢力干預仍在，導至國家統一遙遙無期。一九七九年中國全國人大發表了《告台灣同胞書》，如今又過了四十年，台獨勢力反而高漲，怎不叫我這「老黃埔人」

感傷，回憶一下老一輩老埔人的氣節精神吧！

危拱之（一九〇五—一九七三）：前章略提，本章再述。她對新中國最大的貢獻在文藝，以文藝為武器，產生強大的力量。她在中共「蘇區」，與伍修權、李伯釗（楊尚昆夫人）等一起創作大量紅色戲劇歌舞，培養大批紅色文藝戰士，訓練數十個紅色劇團，她是「中國工農紅軍紅色文藝」開拓者之一。

埃德加·斯諾（一九〇五—一九七二），美國著名記者訪問「蘇區」，採訪了危拱之，後在他的《西行漫記》一書中，對危拱之大加贊嘆，稱「沒有比紅軍劇社更有力的宣傳武器了，也沒有更巧妙的武器了。」

解放後危拱之曾任沈陽市委書記，一九七三年二月八日，病逝北平。外交家伍修權曾撰文懷念說：「她是一位為革命作了出色貢獻的女戰士。」

孫大乾：一九二八年十一月十六日，出生在雲南省永善縣溪洛渡鎮。一九四五年六月考入陸軍官校第一預備學校（後改預備班），一九四八年七月升入黃埔軍校二十二期，一九四九年九月畢業，十一月隨軍起義，編入解放軍第一八六師，一九五一年該師奉命參加抗美援朝戰爭。

一九五二年十二月，孫大乾奉命回國，一九五四年元月他退休轉業到永善縣糧食局工作。在他晚年參加一次座談會說：「我沒有後悔留在大陸……共同鑄就中華民族偉大復興的中國夢！」

黃埔伉儷，十三期陳世勛和十五期何靜芳：陳世勛，一九一七年出生在安徽定遠縣，一九三六年九月，考入黃埔軍校十三期，一九三八年七月在四川銅梁畢業，被分發到廣西分校當教官。

何靜芳，聽到表哥陳世勛要上軍校殺小日本鬼子，她也要上軍校。一九三八年她考入武漢分校（序列黃埔十五期）。畢業後她分發到後方醫院，做安慰傷兵、替士兵寫家書等心理輔導工作。

這對黃埔伉儷在抗日戰爭過程中，做出他們的貢獻，也飽受戰亂之苦。勝利後，他們離開軍隊，回老家安徽過著安靜的日子。

盧彩文（一九二五—）：一九二五年十二月出生在雲南騰冲，一九四二年八月，考入滇西戰幹團第一期（比序黃埔軍校十九期，一九四三年五月畢業，又到諜報班受訓三個月，派往騰冲做情報工作。在抗日戰爭中，盧彩文始終在諜報崗位上做了很多貢獻。

勝利後他選老家讀書、教書，當過中學校長，一九八八年退休。當二〇一八年接受黃埔同學會採訪時，盧老大哥已九十三歲，如今二〇二三年應已九十八歲，祝福盧老萬壽無疆！長命超百歲！

姚德垚：〈我的軍校生活〉一文，是姚德垚的自述文章，他是一九四七年九月，在成都雙流正式入伍，序列黃埔二十二期第一總隊第十四隊。

他的文章寫的是軍校生活，剃頭、看電影、早操、拉練、放假、野營、考試，與筆者軍校生活差不多，只是時空環境和使用兵器不同。

一九四九年二月十二日，二十二期畢業，同年底隨一一〇軍起義（軍長向敏思、黃埔四期，抗日名將）。起義後，姚德垚在解放軍當副連長，一九五四年他轉行到北京第四十三中學任語文老師。

《告台灣同胞書》四十週年（算到二〇二三年是四十五週年），仍未能看到統一的徵候，而筆者已一介老夫，怎不叫人感傷！「再寄語兩岸黃埔人」，再說也是越來越感心頭沈重！

為何？大陸黃埔人已然稀有，台灣像我老輩黃埔人也都是老阿公了，而年輕世代黃埔人的「黃埔精神」正在流失，這是現實。所以，中國之統一，只有寄語大陸同胞才是最可靠，不是嗎？

註　釋

註一　陳福成，《我讀北京《黃埔》雜誌的筆記》（台北：文史哲出版社，二〇一八年十月）。

第六章　介紹七位黃埔人

壹、《黃埔》二〇一九年第三期文章主題

特別策劃：黃埔軍校分校概覽

〈長沙分校〉

高正湘，〈石醉六與黃埔軍校長沙分校〉

兩岸時政、軍事天地與人物春秋

吳亞明，〈海峽兩岸二〇一九年二到三月大事記〉

石　稼，〈中國的百年航母夢〉（下）

陳予歡，〈陳濟棠與黃埔軍校〉

何　江，〈嚴重與血圓陵〉（上）
胡麗斌，〈黃埔外語主任教官史世珍小傳〉
林義旻，〈家國同構，國比家大：我的父親林正亨〉
駱大仁，〈父母情意常懷念〉

歷史研究、情繫黃埔

林　堅，〈從中共旅歐支部到黃埔軍校（上）：周恩來與張申府、熊雄、聶榮臻的共同經歷和傑出貢獻〉
單補生，〈我珍藏的中央陸軍軍官學校豫籍同學《通訊錄》〉
左中儀，〈抗日烽火中一位黃埔四期生的「任命狀」〉
任建中，〈狄維城將軍鮮為人知的故事〉
朱玉林，〈黃埔軍官方成熙的抗日經歷〉
林丹生，〈尋訪黃埔先輩惠州東征事跡〉
黃忠漢，〈黃埔軍人：向黃埔軍校建校九十五周年致敬〉
賈曉明，〈一九二七年二月廿八日，任命邵力子為中央軍事政治學校政治部主任〉

王炳忠，〈我是台灣人更是中國人〉（十五）
〈夏奇峰來信〉

貳、介紹七位黃埔前輩

石醉六（一八八〇－一九四八）：一八八〇年三月廿日，出生在湖南省新邵縣潭府鄉大樹村。清末砲科舉人，留學日、美、德多年。曾任廣西講武堂戰術教官、雲南護國軍參謀長、日內瓦裁軍會議中國代表、國民政府軍事參議院中將參議、黃埔軍校長沙分校校長。

一九二七年三月十日，石醉六被任命為長沙分校校長。但好景不長，同年五月廿一日發生「馬日事變」，石醉六因「共黨嫌疑」，被迫離職，不久長沙分校更名「中央陸軍軍事政治學校長沙第三分校」，校長由陳嘉佑擔任，石醉六逝世於一九四八年。

嚴　重（一八九二－一九四四）：湖北麻城人，武昌起義投身革命，一九一六年入保定軍校，後追隨孫中山，創立黃埔軍校時任入學考試委員，與顧祝同等任戰術教官，被譽為「黃埔良師」，也有「北伐名將」盛譽。

嚴重為人清高，戰功赫赫，陳誠、羅卓英、周至柔，都是他的手下愛將。抗戰時他代理湖北省省主席後，辭職退出軍政界，隱居盧山太乙峰下，後住進法相寺，於一九四四年四月三十日病逝施恩。

史世珍（一八九九—一九九〇）：江西省鄱陽縣鄱陽鎮西門村人。一九二一年赴美留學，一九二七年獲經濟學碩士。一九三〇年任黃埔軍校十一期外語主任教官。一九四二年後他轉銀行界工作，一九四九年來台。後任銘傳女子商業學校（一九九五年改銘傳大學）教授，一九九〇年在台北逝世。

林正亨（一九一五—一九五〇）：林義旻這篇寫他父親林正亨，他們是素有「台灣第一大家族的台中霧峰林家」，先祖林石於乾隆時移台，到林正亨是第八代，到林義旻是第九代。

林正亨，一九一五年八月出生台中霧峰，一九三九年黃埔軍校畢業，參加廣西昆侖關大戰，一九四四年參加遠征軍，回國後加入共產黨。一九四六年被派到台灣進行地下黨工作，一九五〇年元月三十日晨，在台北馬場町被槍決，這是一個時代悲劇！

駱德敬（一九一三—一九九七）：四川雙流人。一九三九年，經他哥哥駱德榮將軍介紹，考入黃埔軍校高教班。（註：駱德榮，黃埔三期畢業，一九二六年赴蘇聯中山大學留學，同期同學有鄧小平、蔣經國、烏蘭夫等，一九四四年任第五戰區政治部中將主任，在河南老河口之戰，消滅日軍千餘人，駱德榮戰功赫赫。）

駱德敬，一九四七年任國民黨「西康督導專員」，一九四九年任原新十二軍少將高參，參與中共成都地下黨領導起義，新中國成立後加入解放軍。一九五六年退役返鄉，以種菜、編竹筐謀生，一九九七年七月廿二日安祥離世。臨終前看到香港回歸，喜言：國之強大，民之甚樂！

狄維城（一九〇二—一九四五）：他的史料不多，出生日亦不詳。一九二六年考入黃埔四期政治科，按當時教育進度，第四期的二千六百四十五名學員，應在一九二六年十月四日畢業。但因七月九日北伐戰爭開打，四期生全部參戰。最後，四期和五期同時畢業並被定為五期生。

一九四五年三月二十四日，狄維城被日軍捕獲，六月四日被日寇殘殺。一九四六年，國民政府在他就義一週年時，在狄氏公祠舉行追悼大會，並追授狄維城陸軍中將軍銜。

方成熙（一九二三—）：生於河南省漯河市，一九三八年考入黃埔軍校十七總隊入伍生團，一九四〇年七月畢業。被分發到陸軍二十五軍四十師一一九團，歷任排長、連長、營長、副團長。

新中國成立後，方成熙曾任民革寶雞市渭濱區總支委員會第三支部主任委員、寶雞政協特邀委員、渭濱區政協委員、常委等，也是寶雞市黃埔軍校同學會首任會長。

第七章 黃端、郄篤堂、朱誠仁、夏禹聲

本書針對黃埔人的簡介，主要是早期在黃埔軍校（含本校、分校班隊），任職或畢（肄）業者。但大名頂頂的人物，如本期提到的余漢謀、周恩來或很著名的名將等，原則上不再贅述。因為他們都有豐富的史料，自有人為他們立傳，本書僅針對少為人所知的黃埔人簡述。

壹、《黃埔》二〇一九年第四期文章主題

特別策劃：黃埔軍校分校概覽

〈南昌分校〉

〈洛陽分校・第一分校〉

兩岸時政、軍事天地與黃埔情緣

郁川虎，〈發揚黃埔精神　促進祖國統一　致力復興偉業：寫在黃埔軍校建校九十五周年暨黃埔軍校同學會成立三十五周年之際〉

趙筱婧，〈蔡英文執政三年：荒腔走板〉

吳亞明，〈海峽兩岸二〇一九年四—五月大事記〉

石　稼，〈世界航母俱樂部大盤點〉（上）

喬　茵，〈《告台灣同胞書》鋪設親人回家路：寫在《告台灣同胞書》發表四十周年之際〉

顧少俊，〈我與《黃埔》雜誌〉

人物春秋與黃埔歷史

陳予歡，〈余漢謀與黃埔軍校〉

何江，〈嚴重與血園陵〉（下）

趙金華，〈戰將鐵血殺日寇　矢志報國無怨悔：黃埔十期抗戰老戰士黃端

的傳奇一生〉
鄒錫奎，〈父親的肩膀〉
朱誠仁口述、朱廣印、朱海濤整理，〈黃埔老兵回憶抗戰歲月〉
夏禹聲，〈投筆只為從戎路　一生難卻黃埔情：一位黃埔抗戰老兵的自述〉
林　堅，〈從中共旅歐支部到黃埔軍校（下）：周恩來與張申府、熊雄、聶榮臻的共同經歷和傑出貢獻〉
單補生，〈漫話黃埔軍服及槍械〉
于　岳，〈我收藏的三分校十七期師生的簽名紀念冊〉
賈曉明，〈一九二六年三月一日，中國國民黨陸軍軍官學校改組為國民革命軍中央軍事政治學校〉

貳、黃端、鄒篤堂、朱誠仁、夏禹聲

黃　端（一九一一—一九八三）：出生在福建省福州市永泰縣霞拔鄉下園村境內「一寨九庄」的容就庄。他是永泰縣近代以來的首位「將軍級」人物。

一九三三年他考入黃埔軍校十期砲科，一九三七年八月畢業不久，趕上第七十一軍八十八師急赴淞滬會戰，會戰結束又投入慘烈的南京保衛戰，一九三八年五月，又參加了蘭封會戰。

一九四九年時，黃端已任南京江寧要塞司令部參謀主任兼江寧要塞砲台總台長。解放軍渡江時，他以「我的砲口，絕不能對著自己的同胞！」緣由，接受已投誠的黃埔同學裴先章「策反」（起義）。新中國成立後，他曾在軍事院校任教，當過工程師，一九八三年逝世。

郄篤堂（一九二二（？）—二〇〇九）：兒子郄錫奎寫父親郄（音ㄒㄧˋ）篤堂。一九四〇年，郄篤堂考入黃埔軍校十七期，一九四三年春畢業，在國民黨山東第八區工作，解放後回老家（山東昌樂）務農。

郄錫奎回憶父親所見戰爭給人民的苦難，「走到一個村頭，見那裡躺著一具死屍，兩條狗爭著吃肉……」。他父親是老實低調的人，二〇〇九年五月走完了人生路，讓人懷念可敬的黃埔老人。

朱誠仁（一九二四—）：山東長清縣（今濟南長清區）孝里鎮。一九三八年，因姑父的表兄李象宸和同學李仙洲軍長帶領九十二軍到徐州，他因緣加入九十二軍，徐州戰役結束，他回鄉動員青年參軍。

一九四一年進入駐魯幹訓班，一九四二年春考入黃埔七分校十九期輜重科，後因演習受傷住院，一九四五年五月畢業，分發到七分校教導總隊當見習官。

一九四八年加入中共地下黨，為濟南解放做準備，新中國成立後他曾做教師、會計等工作。二〇一九年他接受口述採訪時已九十一歲，願他長命百歲。

夏禹聲（一九二〇—）：黃埔老大哥夏禹聲自述，一九二〇年三月，出生在貴州省湄潭縣（現名夏子福），一九三七年考入黃埔第五分校十四期通訊科，一九四〇年畢業，分發到雲南交通大隊通訊員。不久任無線電台長，一九四四年底任通訊連連長。

勝利後打內戰，他在錦州戰役被解放軍俘虜，解放後當過被服廠會計，在故鄉當教師。二〇一九年自述《黃埔》雜誌一文時，已九十九歲，現在或許一百多歲了，但願他仍健在人間。

第八章　黃埔精神與中華民族偉大復興

《黃埔》雜誌二〇一九年第五期，主題是〈黃埔精神與中華民族偉大復興〉，並認為黃埔精神是中國近代民族復興的起點。這樣的肯定、論述，極為真實與真誠，事實便是如此。

試想，如果沒有黃埔老校長蔣公，領導全民抗戰，打敗日本鬼子，中華子民全都成了亡國奴，那有今日中國之崛起？那來民族復興？按非正式統計，大陸時期黃埔軍校（含分校）共培養約二十二萬黃埔人，光是抗戰就陣亡十九萬人。有黃埔才有現代中國，誰也不能否認！

壹、本期文章主題

特別策劃：黃埔精神與中華民族偉大復興

歐陽維，〈讓黃埔精神融入民族復興的偉大實踐〉

李明，〈黃埔精神的核心價值追求〉

李立，〈發揚黃埔精神　深化兩岸融合發展〉

曉杰，〈發揚黃埔精神　促進祖國統一〉

林際平，〈黃埔精神與中華民族偉大復興〉

朱駿，〈黃埔軍校是近代中華民族復興的起點〉

兩岸時政與軍事天地

曹景滇，〈父親曹藝和《義勇軍進行曲》的情緣〉

張治平，〈我和我的祖國：感悟百姓餐桌上的變化〉

張廷佐（黃埔十五期），〈祖國頌〉

吳亞明，〈海峽兩岸大事記二〇一九年六—七月〉

石稼，〈世界航母俱樂部大盤點（下）〉

丘尚賢，〈我的中國心、世界情〉

人物春秋與黃埔歷史

陳予歡，〈李揚敬與黃埔軍校〉
劉　曉，〈父親的家國情懷〉
嚴　華，〈黃埔老兵嚴天元〉
向虎雛，〈保衛列寧格勒的黃埔四期生〉
方西峰，〈戰幹四團政治教官方鎮中的《對第四期畢業同學說話》〉
吳　鳶，〈智取張古山〉
單補生，〈漫話黃埔軍服及槍械（續）〉
余美進，〈我珍藏的《中央政治軍事學校軍官政治訓練班同學錄》〉
賈曉明，〈一九二七年三月七日，鄧演達向蔣介石談及關於所謂「反蔣宣傳」的情況〉
〈潘華堂來信〉

貳、中華民族偉大復興的早期實踐者

李揚敬（一八九四—一九八八）：一八九四年三月十一日出生在廣東東莞縣城後街，一九一七年考入保定軍校第六期輜重科，一九二一年任孫中山大元帥府警衛團的連長，一九二四年參與籌備黃埔軍校。

參與東征後，一九二七年他擔任黃埔軍校教育長兼入伍生部部長，主持第六、七期生訓練工作。抗戰時任國民政府軍委會參議，後任湖南省代行主席。一九五〇年到台灣後，任兩屆國大代表，一九八八年七月廿日，在台北榮總逝世。

劉保羅（一九一八—）：出生在南京市下關長江邊。一九三七年考入黃埔軍校十四期步科，一九三九年畢業分發到第三戰區二十六師，歷任排長、連長、營長。

他先後參加了南昌會戰、上高會戰、諸紹戰役、金蘭戰役、龍衢戰役、浙贛會戰等。勝利後回鄉從事水利工作。二〇一九年發表文章時，他已是一百零二歲高齡，願他仍健在快樂的生活。

嚴天元（一九一九—）：一九一九年農曆二月生，青年時期在漳州百花村當小學老師，一九三九年考入黃埔軍校第二分校（湖南武岡）步科，一九四一年畢業，以能說閩南語，分發到馬來西亞號召華人抗日。後因交通被日寇切斷，改分發江西贛州，負責招兵和訓練。

一九四九年他解甲歸鄉，過著平靜的日子。二〇一九年兒子嚴華在《黃埔》雜誌發表文章時，老先生已是百歲高齡，願他健在快樂！

方鎮中（一九〇二－一九六八）：一九二六年留學法國巴黎政治學院，一九三六年回國參加抗日救亡，一九三八年出任黃埔軍校第十四期中校政治教官。後隨二十七軍參加中條山戰役，戰後任二十七軍戰幹團少將總教官。

一九四二年，方鎮中被派往中央訓練團黨政訓練班十九期受訓。他曾在《戰幹》雜誌第一三四期發表〈對第四期畢業同學說話〉（一九四〇年三月二十六日）。方西峰（方鎮中長女）這篇文章，對父親後來的生平行踪，並沒有交待。

參、孫中山喚醒民族主義才有中華民族偉大復興

中國到了滿清末年，之所以險些亡國，是因為民族主義滅亡了，這是讀過孫中山《三民主義》的人都知道的。我們民族主義為何滅亡？滿清入主中國為建立統治合法性，在順、康、雍、乾四期，大力宣揚世界主義，消滅民族主義，中葉後中國人都不知道「我是誰？」

中山先生在《三民主義》之〈民族主義〉，喚醒了中國人的靈魂，也喚醒了民族主義。接下來黃埔建校建軍都是有本於中國之民族主義，追求中華民族之復興，這是現代中國好幾代人的努力，才能有今天強大中國的成果，使人民活得有尊嚴。

所以，《黃埔》雜誌二〇一九年第五期，歐陽維在〈讓黃埔精神融入民族復興的偉大實踐〉，其實本來就相融的，不言「讓」也是相融。黃埔不論談精神、宗旨或使命，都離不開民族復興，無數黃埔人犧牲生命使「中國不會亡」，這便是民族復興的起點。

李立這篇〈弘揚黃埔精神　深化兩岸融合發展〉，這部分在當前我看是困難重重，我住台灣看得很清楚，台灣年輕世代已全面「綠化」、「獨化」，媒體黨政全受制台獨份子，要如何融合？我深感大陸魄力不足，努力不夠！要拿出更有效的辦法，從本質面改變台灣生態環境，只要環境變了，人心也就變了！才是促統根本之道！

第九章　內蒙古黃埔同學采風錄

北京《黃埔》雜誌二〇一九年第六期，主題是「內蒙古黃埔同學采風錄」，共介紹了六位內蒙古的黃埔老前輩。其次的文章也介紹多位黃埔老大哥，均在本章一併做簡述其生平。

壹、本期文章主題

特別策劃：內蒙古黃埔同學采風錄

田佐宇、高燕茜，〈說不完的人生故事，割捨不了的黃埔情懷：田綏民會長的百歲人生〉

閻　賀、趙　焰，〈寶劍鋒從磨礪出：記黃埔抗日老戰士閻秉心〉

劉鍾齡，〈魂繫草原：馬毓泉傳略〉

高啟柏，〈致力祖國統一 增進海外聯誼〉

馬雲生、馬志生，〈駿馬騰飛報國門：記黃埔同學馬維騳〉

陳貴敏，〈黃埔驕子榮耀先〉

兩岸時政、情繫黃埔

曾廣文，〈追夢曲：慶祝中華人民共和國成立七十周年〉

馬曉雲，〈七十年，我們一起走過〉

鄔霄勇，〈我為兩岸交流而盡力〉

夏守浩，〈祖國頌：慶祝中華人民共和國成立七十周年〉

仇開明，〈操作「芒果乾」豈能掩飾難堪的「成績單」？〉

吳亞明，〈海峽兩岸大事記二〇一九年八—九月〉

石　稼，〈國慶七十周年閱兵先進武器大盤點：「陸上猛虎」〉

王造時，〈我的黃埔情結〉

林憲同，〈鏟「獨」蕩寇：黃埔軍魂出師表〉

人物春秋與黃埔歷史

陳予歡，〈薛岳與黃埔軍校〉

李軍裔，〈黃埔一期生袁嘉猷的坎坷人生〉

史方愷，〈憶我父親史慶元〉

蔣光璞，〈父親抗戰期間的軍校生活〉

王　翀、蒲　元，〈黃埔第七分校的「軍毯」故事〉

高正湘，〈一封遲到的海外來信〉

單補生，〈闊別西安七十二秋　重逢握手喜西昌：記抗戰老兵劉志禎、郭文俠的黃埔情懷〉

賈曉明，〈一九二六年三月八日，中央軍事政治學校隆重舉行第四期學生開學典禮〉

貳、內蒙古黃埔同學采風錄

田綏民（一九一五—）：一九一五年十二月一日，出生在綏遠省薩拉齊縣大岱村（現內蒙古土默特左旗大岱鎮）。一九三三年五月考入黃埔學校十期，他在軍校用「田霖」名，編入二總隊，和張學良的弟弟張學思是同班同學。一九三七年元月畢業，分發到中央軍八十九師。

畢業十餘年，田綏民幹到團長、少將副旅長，解放後參加抗美援朝戰爭。回國後在內蒙古、寧夏等地進行工程建設，創建西卓子山大水泥廠。二〇一四年內蒙古黃埔同學會去看望田老，時已百歲，今若健在是一百零五歲了，願他活得快樂。

閻秉心（一九一八—）：原籍內蒙古呼和浩特托克托縣河口鎮，其父閻肅和伯父閻懋都是綏遠最早的同盟會會員。一九三六年閻秉心考入黃埔軍校十三期，一九三八年畢業，次年隨軍參加石牌要塞各戰役，此後到抗戰勝利，他始終堅守石牌要塞區，日軍多次進攻石牌都失敗。

一九四九年他隨同傅作義部在綏遠的「九一九」起義，新中國成立後，他轉業教育工作。一九八四年後，他曾任內蒙古政協委員、內蒙古政府參事、內蒙古黃埔軍校同學會會長等職。

馬毓泉（一九一六—）：一九一六年二月廿一日出生在江蘇省蘇州市。一九三五年考入北京師大，後又轉學北京大學生物系，為追隨兩位名師：張景鉞和徐仁。

但因國難當頭，一九三八年春他轉考入黃埔軍校十五期。

一九三九年畢業分發到七十一軍第三十六師，此後幾年隨軍參與諸多戰役。一九四三年應其恩師張景鉞之邀回昆明西南聯大完成學業，勝利後他回北大任教，一九五八年到內蒙古大學任教，終其一生「魂繫草原」。他留下許多重要著作，《內蒙古植物志》、《內蒙古植物藥志》等，他也是「中國龍膽科專家」。

高啓柏（一九二三－）：一九二三年元月廿五日，出生在河南商城。一九四二年春，考入黃埔軍校成都本校十九期，一九四五年四月十四日畢業，留校任助教，又進校尉班第十期，後調到九十六師，並參與內戰。

一九四九年春他脫離軍隊與家人搬到香港，後又回到大陸在烏蘭浩特市新華書店工作，退休後仍在統一戰線工作。曾任內蒙古政協委員、黃埔軍校同學會理事等。

馬維馴（一九二五－）：呼和浩特市人，一九二五年十一月十日出生在綏遠省凉城縣。一九四五年元月，決心「以死報國」，參加遠征軍二〇六師六一七團。因軍隊長官認為他有軍事才能，推薦他考入黃埔軍校二十期騎兵科，一九四七年畢業。

一九四八年元月分發到騎兵十三旅，次年九月隨董其武將軍起義。後隨解放軍參加抗美援朝戰爭，回國後轉入內蒙古教育界工作，兩岸開放後致力於兩岸黃埔同學交流。馬雲生和馬志生發表文章時，馬老已近百歲，願他仍健在人間，見證祖國的強大，乃至不久統一！

榮耀先（一八九六－一九二七）：出生在內蒙古土默特旗察素齊鎮。一九二三年加入中國共產黨，一九二四年五月考入黃埔軍校一期步科，十一月結訓，分發到第一教導團當排長，同團同學有蔣先雲、賀衷寒、李之龍、杜聿明等。

一九二七年二月，他已任北伐軍第六軍突擊團長，在山東攻打張作霖部時陣亡。如今，榮耀先在內蒙古的故居已列入文物保護單位，永遠紀念這位黃埔一期生，他為國家統一而犧牲生命，這是黃埔的驕傲！更是我中華民族蒙古族胞的驕傲！

參、最叫人感傷的黃埔二十三期

我在《廣州黃埔到鳳山黃埔．四十四期畢業五十週年暨黃埔建校建軍百年紀念》一書，有略述一九四九年底，我黃埔二十三期所面臨處境的幾篇文章。（註一）在《黃埔》二〇一九年第六期，除了介紹六位內蒙古黃埔同學，另有七位其他省籍黃埔人，其中有兩位二十三期生。

曾廣文：〈追夢曲〉一文是曾老大哥的自述。開宗明義他說，一九四九年十月一日，中華人民共和國在北京宣告成立時，他正在成都的陸軍官校二十三期三總隊六中隊學習。彈指間，過了七十年，往事歷歷在目！

一九四九年十二月廿五日，軍校教育處長、指揮官李永中代表全校發出通電起義。此後的數十年，曾廣文的工作都是「文化教員」，一九七九年後的十年任教成都大學，後又到北大進修。兩岸開放後致力於兩岸黃埔同學交流，二〇一九年時曾老已近九十歲，如今應已九十五歲了，願他快樂健在！

王造時：〈我的黃埔情結〉一文，是黃埔二十三期老大哥王造時的自述。他是一九四八年六月，黃埔軍校在沈陽招收的學員，受訓地點在成都的新都（離成都十八公里的古城）。一九四九年十二月廿五日，軍校少將處長李永中，率領二十三期三千多人宣佈起義。

起義後，成都軍校改解放軍西南軍政大學，學生也開始另一種新生活，往事已過七十年。一九八九年起，王造時擔任哈爾濱市黃埔軍校同學會會長。

他的自述最後說：「夕陽醉了！晚霞醉了！我看到今天國家富強、民族昌盛，看到幸福生活已經洋溢在燦爛的夕陽中，心中無比自豪，無比滿足。盛世迎耄耋，夕陽似艷陽，故園花競放，餘熱亦添香！」他的感受正是現在我所思，但願他的「情結」已釋懷！

袁嘉猷（一九〇六—一九八一）：祖籍雲南昌寧縣溫泉鄉里睦村人，出身官宦之家，父親袁恩錫是同盟會員、雲南革命元老李根源的高參，袁嘉猷也是何應欽的義子。一九二四年袁嘉猷黃埔一期畢業，後歷任到縣長、市長、副司令、中將高參等職。

在一九四九年盧漢起義過程，袁嘉猷扮演了一定的作用，解放後雖受到勞改，在周恩來和鄧穎超幫助下，得到「按起義軍人對待」。一九八一年四月五日，他因腸癌逝世，享年七十五歲。

史慶元（一九二三—二〇〇四（？））：史方愷〈憶我父親史慶元〉一文，說「父親離開我們快十五年了」。判斷他父親二〇〇四年（？）逝世，全文漫散的回憶，因此年代和生平不很明確。

他父親考入黃埔七分校（西安分校），畢業後分發山東抗日前線，編入五十一軍做敵後工作，先後當過排長、連長。一九四八年他父親回家鄉務農。一九八四年加入黃埔軍校同學會，他積極活動並過了快樂的二十年。

蔣潤苑：〈父親抗戰期間的軍校生活〉，是蔣光璞回憶他父親蔣潤苑的文章，生平年代也都不清楚。軍校生活不外出操上課，和我在鳳山的軍校生活差不多，只是背景或人物裝備不同。

蔣潤苑，一九四〇年底，在湖南武岡考入黃埔二分校訓練班十一期，次年再考入二分校十七期第二十一總隊第四中隊。二〇一九年文章發表時，蔣老已一百零二歲了，但願老先生仍健在快樂。

單補生，是何許人？每一期《黃埔》雜誌都有他的文章，他可以說是「黃埔學」博士級的專家了。原來他父親就是黃埔十六期的單培新，現致力於黃埔歷史研究，發揚黃埔精神，促進國家統一，也算承續了老父之衣鉢，真是我黃埔之幸！單補生在本期雜誌，詳細的介紹了兩個黃埔老前輩：劉志禎和郭文俠，二〇一九年時都已九十五歲了。

劉志禎（一九二四—）：一九二四年十二月生，山東省新泰縣果都鎮蔣家石溝村人。一九四二年考入中央陸軍軍官學校駐魯幹訓班十九期，一九四五年幹訓班撤消，轉入第八分校（湖北房縣），八月八分校又裁撤，轉入七分校（西安）二十期步科。

一九四六年元月十六日，七分校奉命歸併成都本校，改組為西安督訓處，二十期改二十一期，編入步兵第八大隊第三十三中隊。一九四七年五月畢業，一九四九年十二月廿五日，隨十八兵團司令官李振將軍起義。一九五〇年後轉到糧政單位工作，劉老是二十一期同學錄的籌備委員，後曾任凉山州黃埔軍校同學會副會長。

郭文俠（一九二五－）：一九二五年二月二十日生，安徽省五河縣人，軍校名郭郛，抗日忠烈後代。其父郭舒安，一九四〇年任第五游擊縱隊副司令兼參謀長，於皖東與日寇激戰中殉國，年僅三十五歲。

一九四四年，郭文俠考入中央陸軍軍官學校駐魯幹訓班十九期，次年幹訓班裁撤轉入第八分校，勝利後八分校裁撤再轉入七分校。一九四六年元月，七分校歸併成都本校，改組為西安督訓處，編入二十一期通訊科。一九四七年初，參與二十一期同學錄編輯事宜，九月畢業。

一九四九年十二月廿五日，在成都隨憲兵副司令吳天鶴（黃埔三期）通電起義。解放後郭文俠曾在醫院工作，邛崍黃埔軍校同學會成立後擔任會長，積極聯絡兩岸黃埔同學互訪活動。

北京《黃埔》雜誌我已看了大約十年，不一定每期都收到。但在我看過每一期，以對日抗戰的背景最多，在我黃埔老大哥（一期到二十二期），陣亡最多也是對日作戰時，從黃埔大門走出約二十二萬人才，對日作戰就至少陣亡八成，乃至九成。

因此，每一個黃埔人都在詛咒「小日本鬼子」，甚至每一個中國人也罵「小日本鬼子」。日本這個「大不和民族」在中國人面前（心中），永遠是「鬼子」。其實世界各國的智者，對日本人的評價很低、很低、非常低，到底世界各國的智慧者如何看待「小日本鬼子」，下章再略述之。

註　釋

註一　陳福成，《廣州黃埔到鳳山黃埔：四十四期畢業五十週年暨黃埔建校建軍百年紀念》（台北：文史哲出版社，二〇二三年八月），第二、七章。

第十章　世界各國智慧者如何看待小日本鬼子

壹、全世界各民族都討厭小日本鬼子

幾乎所有黃埔人，乃至所有中國人，包含現在的台灣（漢奸、媚日者除外），經常都在罵「小日本鬼子」，因為小日本鬼子給中國人帶來四百年的災難。（從明朝到民國，小日本鬼子共發動三次亡華之戰）全世界各民族都很討厭「大不和民族」。

我在至少十多本著作中，不斷宣揚在本世紀內，中國人應以核武消滅倭國，使其亡種亡族亡國，才是全人類（尤其亞洲人）之幸。我至今仍不改此一理念，最近有朋友傳來世界上的智者對日本民族的評價：

李鴻章：此國不除，日後必生大患！

康　熙：倭寇國反復無常，其人甚卑賤，不知恩義！

麥克阿瑟：對日本民族，你越打敗他，他越是願意為你奉獻一切！

孟德斯鳩（法國思想家）：日本人對上卑言，對下兇狠惡毒殘暴！

李光耀：我對日本很悲觀，日本註定走上平庸！

尼克拉二世（德皇）：日本就是一群令人討厭的骯髒蠻猴！

季辛格（前美國國務卿）：沒人能看懂日本的野心，一個極邪惡的民族！

戴高樂：日本就像吸血鬼，一旦你暴露弱點，喉管也會被牠咬破！

邱吉爾：日本人極變態，像屎一樣叫人噁心！

羅斯福：日本人是歷史上最卑鄙無恥的民族！

貳、《黃埔》雜誌二〇二〇年第一期文章主題

英雄不會被忘記：江蘇黃埔抗戰老兵訪談錄

趙錫南，〈抗戰老兵：不該忘記的英雄群體〉

顧少俊，〈封侯非我意　但願海波平：黃埔抗戰老兵苗允昌的故事〉

石擎，〈黃埔老兵楊伯奇抗戰事略〉

顧少俊，〈少年捐軀赴國難　暮年奔走謀統一：訪黃埔抗戰老兵朱學明〉

袁健，〈江南赤子的坦克情懷〉

徐躍，〈攜筆從戎赴國難　捨家報國無怨悔：越南歸國華僑方川的家國情懷〉

兩岸時政、情繫黃埔與軍事天地

〈慶祝黃埔軍校同學會成立三十五周年座談會在京召開尤權出席並講話〉

吳二華，〈同擔民族大義　共謀民族復興〉

吳亞明，〈海峽兩岸大事記二〇一九年十—十一月〉

劉凌斌，〈黃埔精神的核心內涵及其時代價值〉

石　稼，〈國慶七十周年閱兵先進武器大盤點：「海中蛟龍」〉

人物春秋與黃埔歷史

陳予歡，〈韓漢英與黃埔軍校〉

駱大仁，〈青春熱血衛祖國〉

宋　宣，〈大義凜然光照千秋：記父親宋文光烈士光輝戰鬥的一生〉

周紹英，〈黃埔八分校全體官生參加西峽口戰役〉

楊益光，〈我這一生〉

方西峰，〈抗日戰爭時期的軍政文化活動點滴〉

夏明星、趙國強，〈左權開展抗日軍事統一戰線紀事〉

單補生，〈中央軍校軍官訓練班沿革〉

賈曉明，〈一九二六年三月十三日，國民革命軍第一軍第三師副師長沈應時病逝〉

參、中華兒女浴血抗日殺鬼子以報國仇家恨

紀仲舒（一九二五—）：一九二五年二月生於淮安。一九四二年，小日本鬼子在他家鄉掃蕩轟炸，屠殺百姓，他決心報國打鬼子。後考入黃埔十九期，因生病耽誤，最後成為二十一期騎兵科。

周景文（一九二三—）：南京江寧人。南京淪陷後，他流亡到了安徽，入讀徽

州師範。一九三八年八月考入黃埔十六期（瑞金分校）。一九四○年畢業，分發到三戰區顧祝同部，後在宜興一帶進行敵後游擊戰。

謝謀勛（一九二〇－）：南京人。一九三七年十二月，小日本鬼子攻打南京，他和家人逃亡到成都。一九三八年考入黃埔十七期（漢中一分校），一九四〇年畢業分發到五十九師，在陝西駐守黃河，阻擊日軍北進。

劉恒（一九二三－）：南京人。南京淪陷前，他和家人一路流亡到桂林，一九三八年考入黃埔十五期輜重科，一九四〇年畢業，再分發到陝西寶雞陸軍特種兵學校受訓，為抗日培養軍事人才。

王培之（一九二二－）：到二〇二〇年春，他是江蘇大地上僅存的一位黃埔軍校畢業的忠義救國軍抗日戰士。一九四〇年秋考入黃埔十七期步科，一九四三年春畢業，分發忠義救國軍第五團十三連任少尉排長。勝利後他回故鄉江蘇溧陽務農，過著平靜的鄉村生活。

苗允昌：江蘇省沛縣人。一九三八年考入黃埔十七期，一九四一年編入遠征軍，參加滇西大反攻。新中國成立後，他回老家農村，日出而作，日落而息，過著「白菜青鹽糙米飯、瓦壺天水菊花茶」的生活。

楊伯奇（一九二二—）：湖北武漢人。一九三八年，考入黃埔軍校十七期通訊兵科，一九四一年夏畢業，分發到七十九軍通訊連任見習排長，年底參加第三次長沙會戰。一九四三年，他參加了常德會戰和鄂西會戰。

楊老在接受採訪結束時，背誦了一首黃埔四期生、江蘇昆山人顧保裕將軍一九四六年為騰冲墓園所撰寫的挽聯：

為民族，爭生存，戰死沙場，君無遺恨；
痛國家，有多難，追思袍澤，我有餘哀。

朱學明（一九二三—）：江蘇鹽城人。一九四〇年夏考入黃埔軍校（當時分校在東台縣城招生），一九四一年十二月畢業，分發到蘇北游擊指揮部。他負責訓練工作，當時環境很差，但部隊士氣很高，每天高唱〈大刀向鬼子們頭上砍去〉，歌聲響徹雲霄。

錢鑒民（一九二三—二〇一八）：錢老並非出自黃埔軍校，他出自陸軍機械化學校，應該算是「中國第一代坦克兵」，參加過遠征軍各戰役。錢老晚年失明，最後的願望是想「摸一下」現代中國的坦克，二〇一六年十二月十二日，《新華社》、

《中央電視台》、《江蘇衛視》等各媒體，報導了第一集團軍裝甲旅邀請老先生前往參訪。

二〇一八年二月九日，錢老辭世。互聯網上吊唁老人去世者達千萬。其中一條微博留言令人淚目：「未想江南煙雨之地，竟有如此忠勇之士，老兵不死，一路好走！」

方川（一九二四—）：一九二四年十二月十五日，出生在越南河內，原籍廣州市番禺區，後在昆明考入中央航校二十四期，尚未畢業小日本鬼子就投降了。勝利後在復旦大學、華東新聞學院進修，再進入解放軍成為記者。

以上是江蘇省黃埔軍校同學會在一九八八年建會時，尚有黃埔同學一千六百多人，到本期《黃埔》發刊時，僅存五十多人，而經歷抗日戰爭的不足三十位。本期另介紹多位其他省籍黃埔人，左權、韓漢英等大人物均不再贅述。

葉敦重：一九三八年，葉敦重的父親葉德培從黃埔軍校軍需訓練班畢業，分發到成都北校場的十九期二總隊當軍需官。葉敦重則一九四六年考入軍校預備班，一九四七年畢業，再考入黃埔二十二期第三總隊，於一九四九年九月廿七日畢業，不久隨軍起義了。一九五〇年又參加了抗美援朝之戰，回國後在解放軍六〇軍當軍事教員主任。

宋文光（一九〇五—一九四二）：江蘇無錫人。國共合作期間，進入武漢中央軍事政治學校學兵團，後編入軍官教導團，後參加著名的廣州起義。一九四二年元月，在無錫前洲被日寇逮捕，壯烈成仁，時年三十八歲。

楊益光（一九二四—）：一九二四年十月，出生在浙江溫州，一九四二年春考入黃埔軍校（成都本校）十九期三總隊。後因各種原因耽誤，十九期三總隊於一九四三年秋改編成二十期一總隊，一九四六年十二月廿五日畢業。

分發到整編第二十五師，一九四九年隨部隊起義。新中國成立後，曾在溫州氣象站、麗水二輕工業等任職。二〇一〇年榮獲「共和國傑出貢獻人才」，被授予「中國驕傲之星」榮譽，後致力於聯絡海內外黃埔同學，為促進祖國統一做出貢獻。

單補生在〈中央軍校軍官訓練班沿革〉一文，提到兩位在淞滬會戰犧牲的軍訓班學員，任之和鍾銘。（犧牲者實際上不止兩位）

任之（一九〇六—一九三七）：湖南南縣人，洛陽分校軍訓班四期畢業，時任九十八師二九二旅五八三團三營七連上尉連長。《抗日戰史》記載，一九三七年九月，在寶山城之戰，敵我兵力懸殊，營長姚子青（六期）、連長任之，均陣亡於東門，全營官兵與城同殉。

鍾　銘（一九〇七－一九三七）：湖南湘陰人，洛陽分校軍訓班三期畢業。時任五十三師三一八團二營四連少校連長，戰鬥中營長陣亡，鍾銘接任營長兼代團長，一九三七年十月三十日，與日軍戰於小南翔張仙廟一帶，因敵我兵火力相差懸殊，鍾銘壯烈成仁，全營盡歿。

第十一章　「大刀向鬼子們的頭上砍去」

壹、〈大刀進行曲〉（註一）

大刀進行曲

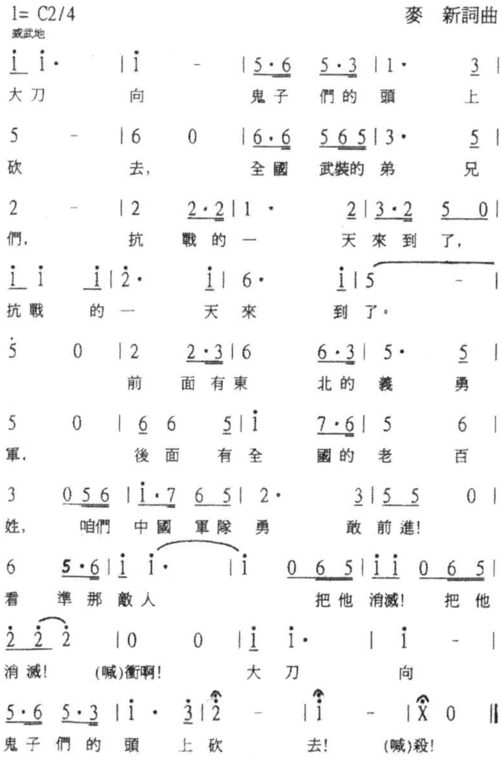
1= C2/4
威武地
麥 新詞曲
大刀向鬼子們的頭上
砍去，全國武裝的弟兄
們，抗戰的一天來到了，
抗戰的一天來到了。
前面有東北的義勇
軍，後面有全國的老百
姓，咱們中國軍隊勇敢前進！
看準那敵人把他消滅！把他
消滅！(喊)衝啊！大刀向
鬼子們的頭上砍去！(喊)殺！

台灣少年團加入抗戰行列，於浙江金華進行操練。1939 年

抗戰前部隊缺乏重兵器，大刀是重要單兵近戰武器，
「大刀隊」更是抗戰精神象徵。

「大刀向鬼子們頭上砍去」，是抗日戰爭時期流行戰歌〈大刀進行曲〉中的句子，由麥新作詞作曲。（註二）現代年輕人一定會疑惑（台灣年輕人一定以為我寫科幻）。古代打仗才用刀，現代戰爭都是坦克大砲飛彈，怎麼可能用刀？

現代年輕人有所不知，當時我們中國因貧窮落後，軍隊所用武器落伍又欠缺，所以才有「大刀隊」的誕生。乘月黑風高的深夜，大刀隊摸入小日本鬼子營房，大殺特殺，給日軍造成極大恐怖感。當然，大刀隊只是戰力的一小部分，並非是主力。

貳、《黃埔》二〇二〇年第二期文章主題

特別策劃：黃埔軍校分校概覽

〈昆明分校．第五分校〉

兩岸時政與黃埔春秋

陳福裕，〈蔡英文所謂的「勝」與孤立的台灣經濟〉

吳亞明，〈海峽兩岸大事記二〇一九年十二月—二〇二〇年元月〉

石　稼，〈國慶七十周年閱兵先進武器大盤點：「導彈王牌」〉
陳予歡，〈聶榮臻與黃埔軍校〉
曹小藩，〈湖南和平解放的無名功臣：程潛的機要秘書曹覺民〉
張治平，〈祖國江山美　家國愛意濃：記我的父親張子忠〉
侯松平，〈黃埔墨叟：記我的父親侯炳垚〉
沈越光，〈一脈報國志　兩代高原情：我和爺爺的黃埔情緣〉

黃埔歷史是中國近現代史的主調

郭文俠口述、左中儀整理，〈我曾在總統府站崗：抗戰老兵、黃埔二十一期生郭文俠的傳奇人生〉
蒲　元，〈兩張老照片背後的抗戰往事〉
劉　旭，〈最高軍事學府裡的「金學員」：陸軍大學裡的特別班〉
謝腊生，〈益陽和平解放起義將領黃埔六期同學蔡杞材的來信〉
單補生，〈中央軍校購麥單據之考證〉
賈曉明，〈一九二六年三月十七日，蔣先雲主持國民革命軍第一軍第一師

政治部聯誼工作〉

參、黃埔人領導中華兒女全方位殺鬼子

〈昆明分校．第五分校〉一文，指出從一九三四年十二月成立，到一九四五年十月裁撤，參與的抗日戰役，主要有武漢會戰、常德會戰、長沙會戰等。該文提到六位重要人物，他們有的並非出自黃埔，但任職於黃埔軍校，也是黃埔人。

唐繼鏻（一八九〇—一九四七）：雲南會澤縣人，唐繼堯將軍族弟，一九二四年入讀保定軍校六期工兵科。一九三五年到一九四六年，任昆明分校、第五分校主任，一九四〇年晉升陸軍中將，一九四七年五月病逝。

張與仁（一八九二—一九六一）：雲南姚安人。雲南陸軍講武堂十期步科，一九二四年任黃埔軍校二期步科第一隊少校隊長，次年任四期步兵軍官預備團第二團團長，八月任三期學生總隊第三大隊大隊長，抗戰時任新編第三軍中將副軍長兼十二師師長。

邱開基（一九〇五—一九九三）：雲南景東縣文道營人。一九二五年元月，考

入黃埔三期，一九二六年畢業。曾任蔣公侍衛大隊長，台兒庄之役為代理師長，一九三九年任第五分校主任，一九四八年為第六編練司令部副司令代理司令。一九九三年元月二十日病逝台北。

孫渡（一八九五—一九六七）：雲南陸良三岔河鎮小新庄村人，雲南陸軍講武堂畢業。抗戰爆發，任新編五十八軍軍長，參加武漢、南昌、奉新高安、贛北等戰役，年底到五分校受訓，任十六期十八總隊總隊長，一九四八年任熱河省主席，一九六七年四月病逝昆明。

白太常（一九一六—二〇〇七）：雲南楚雄大姚縣人。一九三五年考入黃埔十二期砲科，一九三八年畢業。抗戰時先後參加第二、三次長沙會戰及鄂西老河口等重大抗日之戰。一九八八年後，曾任雲南黃埔軍校同學會第二、三、四屆會長，二〇〇七年三月病逝。

楊尚志（一九一五—一九八六）：雲南麗江人，一九三五年考入第五分校十一期步科，畢業後留校當教官。之後他始終任中共黨政軍各職，一九八六年三月廿六日病逝。

一般我們都說「八年抗戰」，其實應是十四年才是。從「九一八事變」開始，一九三一年九月十八日，小日本鬼子開始大規模入侵我國東北，到一九三二年二月，鬼子軍就佔領東北全境，三月一日鬼子就在東北建立了傀儡政權滿洲國。「九一八」是吾國之國恥日，然而台灣現在都無視了，已儼然成了美日的傀儡政權。所以，我對中國的統一有急迫感，「寧共不獨」！

曹覺民（一九〇八—一九八〇）：曹小藩緬懷和悼念祖父曹覺民的文章，〈湖南和平解放的無名功臣：程潛的機要秘書曹覺民〉，過程不再贅述。曹覺民，一九〇八年六月生於湖南資興縣七里鎮桃源村，一九二六年湖南法政專科畢業，再考入黃埔軍校。

張子忠（一九二四—）：〈祖國江山美、家國愛意濃〉，張治平回憶父親張子忠的一篇散文。張子忠，一九二四年二月十二日生，一九三九年考取黃埔軍校十七期，一九四二年四月十五日畢業。留校當助教，曾任十九、二十、二十一期區隊長等，一九四七年調到北平傳作義部任少校兵器教官，一九四九年隨軍起義。新中國成立後曾任中學教員，黃埔同學會成立後，也積極參加活動。

侯炳垚（一九二一—）：〈黃埔墨叟〉，黃埔軍人也是畫家，侯松平記述父親侯炳垚的生平事蹟。侯炳垚，一九二一年三月，出生在河南尉氏洧川一個商賈望族。一九三七年考入黃埔軍校，從此結下黃埔緣。

侯松平作為黃埔二代，也是新鄭市炎黃書畫院副院長，他深感有責任帶動兩岸藝術交流，早日實現統一大業，為中華民族偉大復興做出貢獻。

沈國丞（一九一九－二〇〇九）：沈越光寫他爺爺沈國丞，沒有提到爺爺出生年，但說二〇一九年是爺爺的百年誕辰，推論生年是一九一九年。

沈國丞，黃埔十六期砲科畢業，參加印緬遠征軍，參與收復滇緬公路和攻克密支那等戰役。後曾任嘉興市黃埔同學會理事、會長，嘉興市政協第四、五、六屆委員。

蔡杞材（一九〇九－一九九五）：湖南益陽市蘭溪鎮人，黃埔六期步科畢業。一九四九年八月，時為陸軍少將的蔡杞材，率益陽地區官兵起義，新中國成立後，曾任湖南省政協委員、湖南省黃埔同學會顧問。晚年雖患多種疾病，仍致力於兩岸交流，促進早日實現統一。

註釋

註一 王海明、陳燕燕，《抗戰期間中共演唱的歌曲》（台北：龐大為發行，一九九九年元月一日），頁一六六。該書所列歌曲，當時並非只有中共在唱，所有中國人都在唱。

註二 麥新，原名孫培元，別名默心、鐵克。原籍常熟，一九一四年十二月五日出生在上海市，一九四七年六月六日逝世。中國音樂家，〈大刀進行曲〉詞曲作者，另有〈犧牲已到最後關頭〉（麥新詞、孟波曲）、〈只怕不抵抗〉（麥新詞、冼星海曲）。

在北京《黃埔》雜誌反思　120

第十二章　南京保衛戰・勿忘南京大屠殺

壹、勿忘南京大屠殺

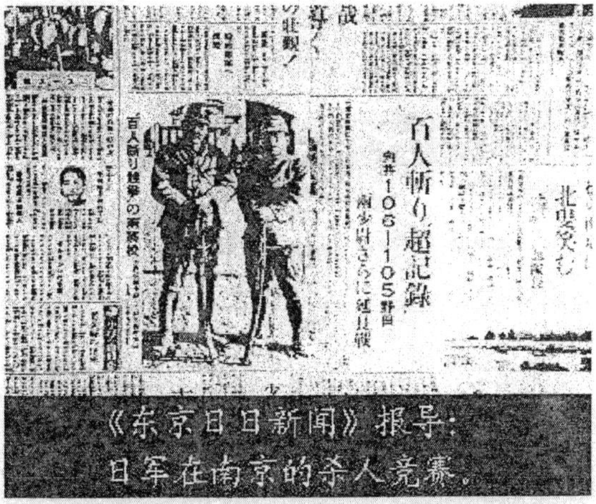

《东京日日新闻》报导：
日军在南京的杀人竞赛。

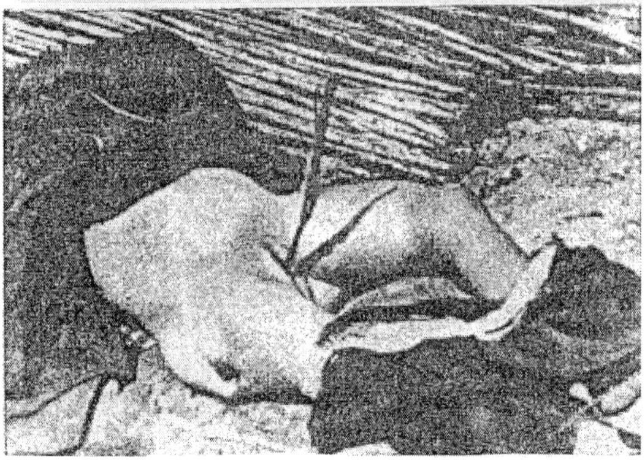

在南京街道上，橫陳的女屍都是雙腿大張，陰道被日軍用異物刺穿。

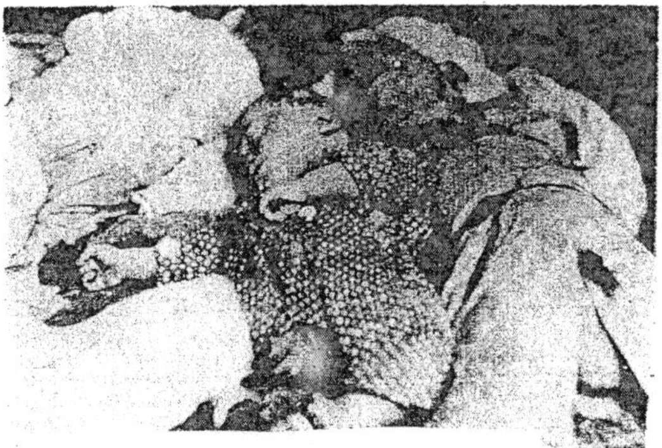

日軍侵華，手段殘暴，無辜婦女及嬰兒也被屠殺。

偽政权
教育部長杜正勝「刪除歷史」
中國時報 96.2.12.

▲在南京大屠殺70周年前夕，剛出爐的翰林版（下）高一歷史課本卻刪除了這段歷史，僅在大事年表提到此事，三民版（中）與南一版（上）歷史課本則有圖片與短短的文字。（林勝發攝）

一九四四年，在青島被日軍挖眼、割腹的中國嬰兒。他們的肝大部分被日軍士兵吃掉了。

屍體堆積如山，短短幾天之內，河水就被鮮血染紅。

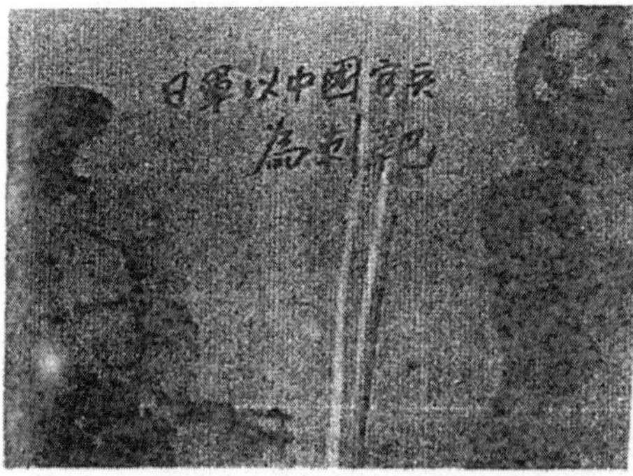

日軍強暴中國婦女。

民國 26 月 8 月 28 日日軍濫炸上海南站後的情景。

被日軍任意殺害的無辜中國子民

日軍在河北狼牙山地區「掃蕩」。這對小兄弟，父母被日軍殺軍，住房也被燒毀。

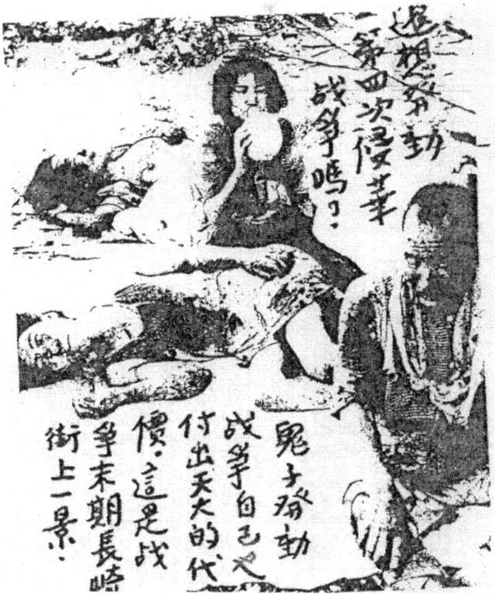

被日軍逮捕的一些中國同胞。

在日軍砲火屠殺下的中國難民。

南京大屠殺

日軍將我同胞眼睛蒙著後砍頭。

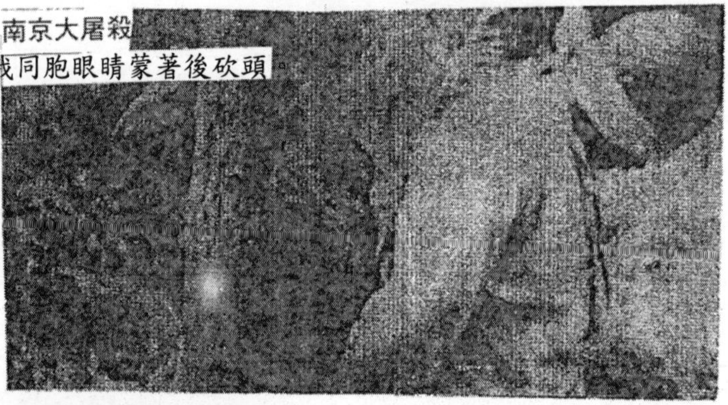

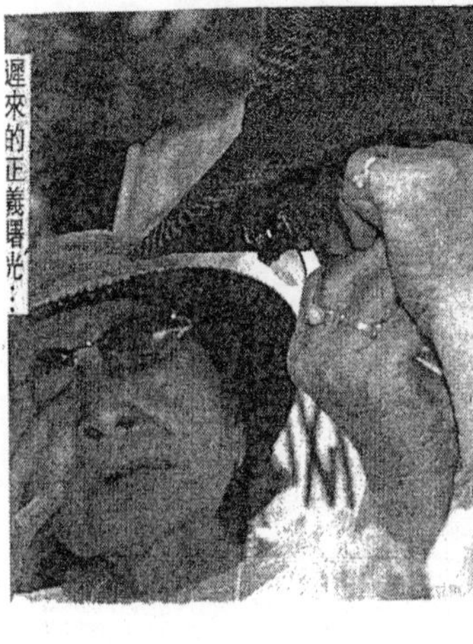

台籍慰安婦阿嬤鄭陳桃（左）與陳鶯（右），昨天挺身而出到日本交流協會控訴，要求日本政府正式承認二戰期間侵略亞洲的戰爭責任。記者林建榮／攝影

日海軍登陸之暴行，不僅殘殺無辜，且每人以長劍刺屍體攝。

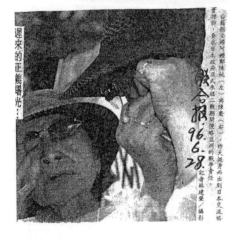

1937年12月中旬，日本鬼子在南京的全城大屠殺。

在日軍砲火轟擊下，苦難小孩為了謀生，流落街頭賣唱。

一顆中國抗日志士的人頭，高置在日軍營區的鐵絲鋼上。

在南京城內，一個中國敢死隊被擒就義情景。

日軍將我同胞鎖在站籠裡活活餓死。

日軍將中國官兵捆綁集體屠

南京市民不分男女老幼都被日軍趕往屠場集體屠殺。

日軍攻佔南京後，以各種殘酷手段，殺害中國軍民達三十萬人以上，史稱「南京大屠殺」。

民國 34 年 2 月 4 日至 11 日，蘇、美、英三國政府首腦史達林、羅斯福、邱吉爾在蘇聯的雅爾達舉行會議，簽訂了損害中國利益的「雅爾達密約」。

南京大屠殺

一群日軍正帶著冷酷的表情將南京民眾活埋。

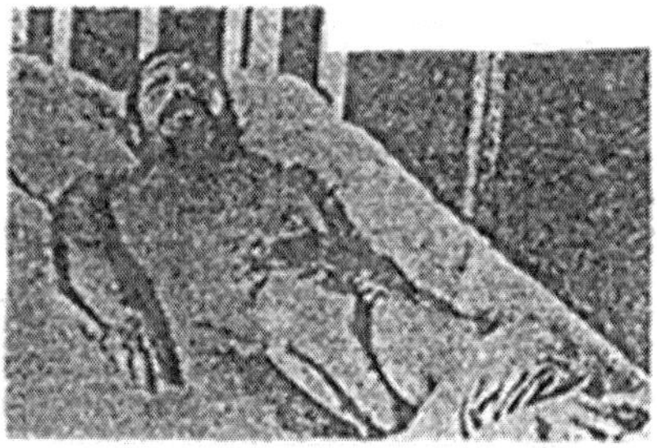

日軍用火燒我同胞下腹的殘暴行為。

日機濫炸南京市區，民房起火（民國 26 年 12 月）。

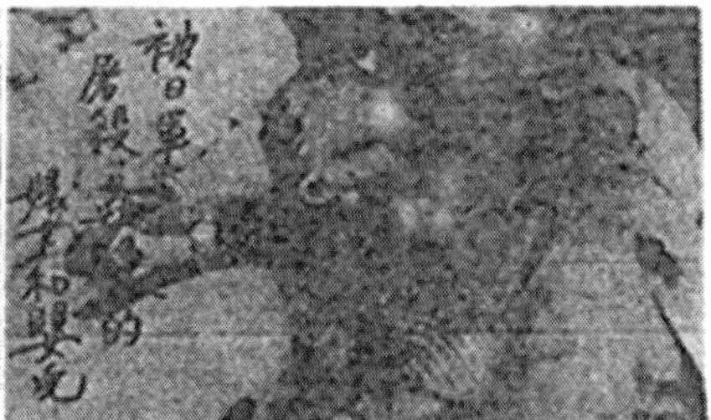

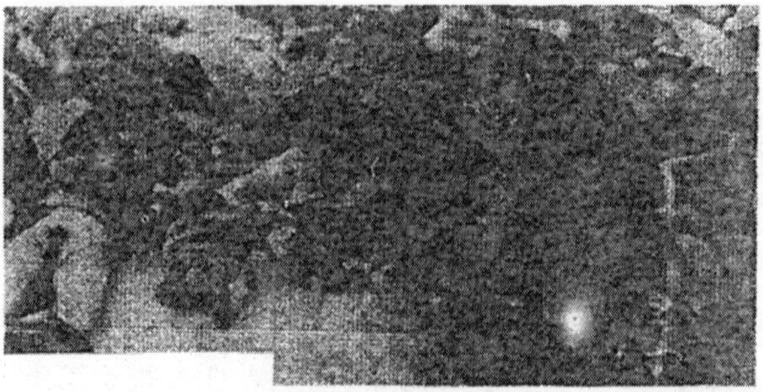

日軍輪姦婦女再行殺死的慘相。

日機濫炸重慶，市區大火（民國 29年）

被日軍強暴殺害的婦女，慘不忍睹。

貳、《黃埔》二〇二〇年第三期文章主題

特別策劃：南京保衛戰老兵採訪紀實

張定勝，〈南京保衛戰老兵採訪紀實〉

〈防守南京明故宮機場的老兵〉

〈護送唐生智過江的衛士〉

〈護衛南京衛戍司令部的親歷者〉

〈守衛光華門的教導總隊軍士營老兵〉

〈駐守雨花台陣地的砲手〉

〈百歲老兵詩人〉

〈激戰光華門的抗戰老兵〉

〈憲兵團李若虞的回憶〉

〈八十三軍特務連一〇六歲老兵的回憶〉

兩岸時政、軍事天地與情繫黃埔

彭　韜，〈民進黨「借疫謀獨」注定失敗〉

吳亞明，〈海峽兩岸大事記二〇二〇年二月—三月〉

石　稼，〈國慶七十周年閱兵先進武器大盤點：「空中利劍」〉

黃忠漢，〈病毒無情人有情〉

丁　幂，〈弘揚黃埔精神　傳承中華文化：二〇一九年粵台中學生尋根探究交流活動側記〉

曹景滇，〈割捨不了的黃埔情緣：父女兩代與江蘇省、南京市黃埔軍校同學會〉

人物春秋與黃埔歷史

陳予歡，〈胡漢民與黃埔軍校〉

顧少俊，〈驅倭寇不讓須眉　思親人綿綿無絕：訪黃埔抗戰老兵田茂華〉

高正湘，〈我的父親，黃埔將軍高濟川〉

劉文鋒，〈黃埔精神代代傳〉

徐　凱、耿嘉陵，〈願春暖花開之時，人間皆安：記戰「疫」中的黃埔後代〉

王大高（十九期王昆嶺之子），〈閉戶防疫吟〉

蒲　元、蔣曉祥，〈左權的黃崖洞往事〉

劉天昌，〈張人駿創辦廣東武備學堂〉

單補生，〈中央軍校七分校之政治教官〉

賈曉明，〈一九二六年三月十九日，中山艦駛抵長洲島〉

南京保衛戰、南京大屠殺，已快過去一百年了，現代年輕世代的中國人，可能越來越無感，這是危險的。而住在台獨偽政權上的島上年輕世代，則已完全無感，這真是很可悲的事。

快一百年了，當時參加南京保衛戰的老兵，就快走光了。幸好《黃埔》雜誌的工作同仁們，捉住最後的機會，在「南京一二一三關愛抗戰老兵志願者同盟」協助下，採訪最後僅存的幾位參加南京保衛戰的老兵。這種採訪可補正史的不足，本章略為摘記。

參、採訪防守南京明故宮機場的老兵張國榮

張國榮（一九二一—二〇一三）

二〇一三年十一月五日，採訪於南京雙橋新村「歡樂時光老年公寓」。

採訪人：張定勝、劉康、章倢。

整理人：張定勝。

張國榮，一九二一年出生在南京七橋瓮張家村，他是一九三七年十一月二日入伍，部隊是九四九四特務團（團長是黃埔八期的王懷民），負責明故宮機場的防空。

一九三七年十一月廿一日，接到上級命令要沿長江撤退到重慶，廿三日在下關麵粉廠集結乘木船出發。勝利後，被編入六〇軍暫五十二師（師長是黃埔六期李嵩中將），張國榮時任中尉連長，一九四八年隨六〇軍（軍長曾澤生）在長春起義。

張國榮說，小日本鬼子飛機炸南京，每次出動飛機三、六、九架不等。有一次，當時在過兵橋梅家廊戰溝裡，一隊日機飛過來，其中一架飛過頭上，我軍高射砲也不是吃素的，咚、咚！打下二架，其中一架落在梅家廊，大家高興得在戰溝裡歡呼！

二〇一三年十一月五日採訪時，張國榮已重病纏身（九十三歲）。採訪後十天，老人便與世上辭了。同年十二月九日，江蘇省電視台新聞中心的晚間新聞，播出了張國榮的事跡。在最後，張老的故事正式寫入「史記」，相信他可以含笑九泉了。中國人民也因為他，再次憶起那時代「悲慘的南京」，再次給人民進行一回愛國教育。

肆、採訪護送唐生智過江的衛士黃鎮東

黃鎮東（一九一六—二〇一五）

二〇一三年十月三十日，採訪於安徽合肥郊區南崗鎮梁墩村。

採訪人：張定勝、文心、劉康、章健。

整理人：張定勝。

二〇一三年十月三十日，《黃埔》同仁採訪黃鎮東老先生時，他已九十八歲高齡，正臥病在床，但精神不錯。他鄉音很濃，採訪經他兒子翻譯進行交流。

黃鎮東，一九一六年生，安徽合肥肥東人。一九三五年在上海入伍，分發到上海警備司令部二團五連，次年升排長，一九三七年編入羅卓英的十八軍六十七師二

〇一旅，九月十八軍下轄的六十七、十一、十四師與日軍在月浦、羅店大戰，六十七師師長李樹森重傷（後黃維接任），二〇一旅旅長蔡炳炎戰死，黃鎮東亦受輕傷。

戰至一九三七年十一月，黃鎮東所在的二〇一旅傷亡慘重，六十七師亦逐步撤退，在安亭遭日軍突擊，黃鎮東與部隊走散，後遇幾位散兵，同行走路到南京，被臨時編入南京衛戍軍三十六師參加南京保衛戰。他們駐守挹江門，師長宋希濂常來。

黃鎮東回憶，有一晚他們接到宋師長命令，要到江邊警戒，說有「大人物」要過江，原來是唐生智司令要過江，要護送過江。之後黃鎮東和同行的散兵到了合肥，加入桂軍張淦的第七軍，參加了武漢會戰。不久軍長張淦推薦他入讀黃埔七分校十六期，畢業後一直在張淦部隊參加抗戰，直到勝利後回合肥務農。

伍、採訪護衛南京衛戍司令部親歷者華宣恩

華宣恩（一九一四―二〇一五）

二〇一三年十一月十一日，採訪於浙江寧波市。

採訪人：張定勝、劉康、章健、孔相宗（抗戰老兵）、陳剛（寧波地區關

愛抗戰老兵志願者）。

整理人：張定勝。

華宣恩，一九三七年八月從黃埔軍校十一期畢業，又被派往參加廬山訓練，因是浙江人，曾受到蔣公的召見。後被同鄉陳孔達將軍分配到七十三軍當見習排長。

一九三七年十一月，唐生智升任南京衛戍司令長官，負責守衛南京，急需一個親信警衛營。華宣恩所在的營被唐生智點名調往負責守衛南京衛戍司令部，華宣恩直接就成了唐生智的警衛，每天都看到他日夜操勞，很辛苦！

按華宣恩回憶說，唐生智的警衛分兩組，一組級別較高在裡屋，一組在外屋，華宣恩是外屋（外圍）警衛。他記得戰事吃緊，使唐生智本來不好的身體越糟糕，在最後的階段，當唐生智聽到中華門被日軍炸開占領了，第八十八師全線垮下來，立馬暈倒，還打翻了盛著藥水的碗！

副官急忙招乎屋外的華宣恩入內幫忙，並決定立刻撤退。衛士連扶帶背把唐生智弄上一輛黑色轎車，警衛營護送由白子亭向下關挹江門馳去。（註：唐生智人馬如何出城到江邊，中間很多挫折，華老也記不清，他們一行到了三十六師守衛的挹江門，守城兵士堅不開門，必須要有「唐生智的手令」，但此時唐生智暈迷不醒……）。

華老記得，他們終於到江邊，上了一條小火輪，船行不久，有日軍飛機過來掃射，船上打死不少人。有一顆子彈打在鐵欄杆扶手上，又彈射到華宣恩腹部，劃開腹部，腸子流了出來，他倒地不省人事。

醒來時已躺在江北的野戰醫院，後又轉「湘雅醫院」。兩個多月後出院，被編入長沙徐琨的警備二團第一營，經歷第二次長沙保衛戰。勝利後又被編入七十軍去接收台灣，一九五〇年以上校軍階退伍，轉業從商。

世間的因緣很奇妙，通過《黃埔》雜誌同仁的採訪，華宣恩和黃鎮東兩位素未相識的老人，知道了他們當年曾同時同地同乘一條船撤退過江，進行著相同的任務。

二〇一五年二月下旬，華宣恩和黃鎮東兩位老人，分別以一百零二歲和一百歲的高壽，先後離開人世，走完他們傳奇的一生。他們和唐生智比起都是「小人物」，但他們的歷史也是我們中國抗日戰史的一部分，對他們個人而言，也是大歷史！

陸、採訪守衛光華門的教導總隊軍士營老兵吳春祥

吳春祥（一九一八—二〇一六）

南京保衛戰期間，是黃埔軍校教導總隊士兵。

二〇一三年十一月，採訪於江西南昌西湖區算子橋。

採訪人：張定勝、劉康、章健。

整理人：張定勝。

吳春祥，南昌縣人，一九一八年生。參加過南京保衛戰、桂南會戰、昆侖關戰役、湘西大反攻等大小數十場對日抗戰。他應該也殺了不少小日本鬼子，才能活下來！

一九三七年抗戰前，他在南昌電報局工作，抗戰爆發後，他到南京加入黃埔軍校教導總隊軍士營第二連。不久日軍攻打南京，軍士營營長吳曙青率全營守紫金山、光華門陣地。

吳老回憶說，戰況非常激烈，是他參加過許多戰役中，南京保衛戰最慘烈。記得就是一九三七年十二月十二日，我們都仍是新兵，奉命增援光華門，當時日軍已進攻到城牆下，指揮的長官下令對城牆下攻擊的日軍射擊，到底打死了幾個小日本鬼子，我們也不知道！

採訪中，吳春祥講了三個例子對南京市民的感激之情：第一、鬼子快打到南京時，黃埔軍校教導總隊要修建許多野戰工事，市民都自動積極參加；第二、保衛戰開打後，我們在陣地裡的糧食供給、傷兵後送，都是老百姓冒著砲火來幫助支援；第三、我們撤退到江邊時，江北很多漁民用自己的小船，協助部分士兵渡江。

吳老回憶說，畢竟撤退的部隊和往江北逃生的人太多，船不夠用。我們就用自己的兩副綁腿（一副二米長），綁住木排或木頭，抱著設法過江。當時情景江面上，滿是抱著木頭或門板渡江的軍人和百姓，向江北逃生。軍士營從南京脫險到武漢時，剩下一百五十人，在光華門陣地死掉很多。

在二〇一三年十一月，採訪完吳老後，「南京一二一三關愛抗戰老兵志願者同盟」協助下，十二月八日，吳老再次回到七十六年前犧牲慘烈的光華門戰場，祭奠了當年壯烈成仁的戰友。二〇一六年吳老逝世，享壽九十八歲！

（後補：在《黃埔》二〇一五年第四期，另有一篇〈吳春祥：我所經歷的昆侖關戰役〉一文，也說得很詳盡，感恩吳老前輩補足了中國抗日戰史的不足，生生世世的中國人都要防著小日本鬼子！）

柒、採訪駐守雨花台陣地的砲手陳德興

陳德興，字佩銘（一九一九—二〇一五）

一九三七年八到十二月，任中央軍第八十八師二六四旅五二七團迫擊砲連上士文書，參加上海、南京戰役。

二〇一四年十一月十八日，採訪於湖南長沙縣黃花鄉。

採訪人：張定勝、劉康、章健。

整理人：張定勝。

陳德興，一九一九年生，湖南長沙人。一九三五年春，和表兄董紹芳一起投奔中央軍八十八師，一九三六年春，隨軍到南京負責衛戍任務，六月隨師參加平定陳濟棠叛亂；十二月西安事變後，他的部隊駐防無錫。

此時，陳德興是八十八師二六四旅五二七團的一名迫擊手，後被升任上士文書。一九三七年八月，八十八師第一批軍隊開進上海，他隨軍參加淞滬會戰，十一月撤回南京擔任衛戍。

陳德興回憶，二六四旅在上海打得非常慘烈，十一月十二日撤退時，由五二四團「八百壯士」負責斷後，他們最後都沒有歸隊（即可能全部戰死）。到了南京守衛雨花台西部，日軍攻勢猛烈，砲彈如雨下，陣地被炸翻好幾遍。

陳德興感傷的說，敵我兩軍都傷亡慘重，我們排長副排長基本上都死了，聽說旅長高致嵩也陣亡了。最後我們撤退到城北挹江門，再撤到江邊，沿途非常的亂，到處是急忙撤退的士兵和丟棄的東西。

到了江邊，因為沒有船，我們是抱著木頭過江，一群人隨江水漂到八卦洲以為過江了，打聽才知要再過一江才能到江北。我們在洲上換百姓衣服，弄到一條小船再過江。我們迫砲連本有一百多人，到開封收容時，含陳德興在內僅四人，其他都戰死或走失，太慘了！

陳老回憶說，上海一仗我們戰友死很多，前一秒還和你說話，後一秒已中彈死亡，到了南京保衛戰死更多。那時對生死已經沒感覺了，也就不怕敵人的飛機大砲了，不就是一條命嘛！

捌、採訪南京保衛戰老兵、百歲詩人李昌郯

李昌邲（一九一五—二〇一五）

一九三七年八至十二月，任中央軍第三十六師一〇六旅上士文書，參加淞滬會戰、南京保衛戰。

二〇一四年十一月十九日，採訪於湖南平江縣家中。

採訪人：張定勝、劉康、章健。

整理人：張定勝。

李昌邲，一九一五年生於湖南平江教育世家，一九三五年十一月在江西入伍，為二十四師列兵，部隊駐甘肅天水。一九三七年十月，從二十四師補充到中央軍宋希濂的三十六師一〇六旅，任旅部特務排上士文書，不久調到上海江灣作戰。

李老回憶說，三十六師是早期進入上海的部隊，在淞滬會戰傷亡最慘重，全師建制都被打殘了，得到向南京轉進時，我們用兩腿走到南京，都用晚上行軍，因為白天日軍飛機盯著，看到就掃射，沿途死了很多，屍體都來不及掩埋，散落在路邊，慘啊！

李老繼續說，三十六師到了南京，我們一〇六旅守備區在下關城外的江邊，最後得到撤退的命令，我和我們連長數人要過江也沒有船。都是找木材做成小木筏，五人坐一小筏過江，也要防著敵人掃射。

李老筏上的五人，從上午九時漂到下午五時，才漂到八卦洲，再弄一條小船才到了江北。五人步行順津浦鐵路經安徽滁縣扒火車到了河南信陽，千方百計找自己的部隊，沒有任何消息，五人只好各奔東西。

李昌泌從平漢線坐火車回到湖南汨羅，再回到家鄉平江縣繼續讀書，一九四二年開始在平江當語文教員，到一九八〇年退休。李老也是一個詩人，二〇〇二年出版了他的詩集《窑灣吟草》，收錄他各時期寫的作品。

二〇一五年九月八日,平江最後一位南京保衛戰老兵李昌泌逝世,享壽一百歲。《江蘇衛視》、《南京電視台》都報導他的事跡，並記入《國家記憶》。在李老臨終前，中央軍委為他頒發了七十周年勝利日紀念章。老兵一路好走，祖國和人民不會忘記您！

玖、採訪激戰光華門的抗戰老兵周廣田

周廣田（一九一七—二〇一八）

南京保衛戰時任教導總隊軍士營代理排長。

二〇一四年十一月採訪於湖南常德市。

採訪人：張定勝、劉康、章健。

整理人：張定勝。

周廣田，一九三四年正在長沙念高中，他瞞著家人和七十多個學生，集體投奔南京，加入了黃埔軍校教導總隊，編在第一團一營一連，成為一個二等兵，排長是何維新。他們大約經過三個月嚴格的軍事訓練，教導總隊素質高，蔣校長每星期都來視察，對官兵厚愛有加。

一九三七年十二月七日，南京城郊已進入激戰。此時，周廣田已調到軍士營一連二排代理排長，十日，光華門吃緊，周廣田隨軍被派往增援。不久，光華門城門口被日軍炸塌，城門被炸出一個可容一人進入的缺口，約一個排的日軍衝向城門，都被周廣田的排消滅，這使得大家堅守光華門信心大增。

不料，十二日下午六點，連部就接到撤退的命令，大家不解，正和敵人近戰對峙，要如何撤退？而且沒有掩護部隊，一旦敵人追擊就完了。但命令說「立即向下關撤退過江，過江後到鄭州報到」，命令不可違！

他們開始穿過城區，向挹江門撤退，千辛萬苦到了江邊舉目一看，全是敗兵和逃難者，有一艘鐵駁船但上不去，它快被人山人海壓垮了。最後是用竹桿捆成竹筏，有人抱一塊木頭，也只好跳入江中，向對岸游去。

周廣田回憶說，才游了大約二百公尺，就有日軍的快艇開過來，對著江面上浮游的人掃射，死了很多人。周老命好，子彈砲彈都沒有找上門，終於到了江北，他回頭往江南看，慘啊！從漢中門到燕子磯的江面上，全漂浮著日軍打死的軍人和難民。

周廣田當時想著，這筆血債一定要還。但已過了快一百年，血債未還半分，所以筆者在很多著作不斷宣揚，在本世紀中葉前，中國人一定要用核武消滅日本，令其亡種亡族亡國。「大不和民族」是邪惡物種，不該存在地球上，消滅了才是人類之福！亞洲甚幸！

在《江蘇電視台》、《江蘇黃埔軍校同學會》、《南京一二一三關愛抗戰老兵志願者同盟》共同協助下，周廣田於二〇一四年「國家公祭日」，重回南京，並參加「抗日戰爭南京保衛戰學術研討會」，共同回顧那段「中華民族災難史」，警惕新生代中國人，永世不可忘！

拾、採訪憲兵團李若虞的回憶

李若虞（一九二〇—二〇一九）

南京保衛戰期間，是憲兵第五團一營士兵。

二〇一四年十一月二十日，採訪於湖南省湘鄉市區李若虞家中。

採訪人：張定勝、劉康、章健。

整理人：張定勝。

李若虞，湖南湘鄉人，一九二〇年四月一日生，自少年開始習武，長得人高馬大，正是當憲兵的料子。一九三七年抗戰爆發後，他到南京參軍，最初被編入南京憲兵司令部下轄的教導團特務排當兵。

李若虞回憶，當時駐守南京的憲兵部隊有第二、五、十團、教導團，他的部隊駐扎中華門外西側的五貴里五貴橋憲兵訓練營，他在教導第五團，團長劉煒。憲兵司令部參謀長是蕭山令，指揮官是二團少將團長羅友勝。

李老感傷的說，十二日，我們聽到司令長官唐生智逃跑了，就開始分兩部分撤退，一部向北撤退到下關挹江門，一部向西南撤退到江邊。我跟著部隊向西南走，以排為單位，沿長江邊找船渡江。最後乘一條駁船過江，看到江面上到處漂浮著死人，那個年代，中國人，慘啊！

事後張定勝查閱史料，南京保衛戰期間，史料中沒有「教導五團」，但有「憲兵第五團」，團長正是劉煒，該團歸憲兵二團團長羅友勝指揮。資料顯示「憲兵第五團一營及重機槍第十連」。（中國第二歷史檔案館《憲兵司令部在京抗戰之戰鬥詳報》）。

故而，李老在南京保衛戰時，應該是由入伍的「憲兵教導練習團」調撥到「憲兵第五團」。由於年歲久遠，李老年事已高，記憶有誤在所難免。二〇一九年六月十三日李老病逝，也算百歲高壽。

拾壹、採訪八十三軍特務連一〇六歲老兵李益芳的回憶

李益芳（一九一三—）

南京保衛戰期間，在粵軍第四路軍第八十三軍軍部直屬特務連。

採訪時間：二〇一九年九月六日。

採訪方式：視頻。

採訪人：張定勝。

整理人：張定勝。

二〇一九年九月六日，李老已是一百零六歲的老神仙了。經家人同意並協助，陸續採用視頻的方式，順利完成一段口述歷史的記錄。

李益芳，出生於一九一三年，廣東茂名鎮盛鎮蓮塘田頭角村人。李益芳年輕時先是到陳濟棠部當兵，後投靠老鄉第一五六師師長鄧龍光（保定軍校六期畢業）。一九三七年十月，第一五六、一五四師組建成第八十三軍，軍長仍是鄧龍光，並投入後期的淞滬會戰。李益芳因是鄧龍光老鄉，當時就被編在軍部特務連做親兵，負責軍部安全，軍長走到哪裡，他們就跟到哪裡！

一九三七年十一月下旬，無錫失守，八十三軍即刻調赴南京，編入拱衛南京的守備任務。十二月一日開始，他們在南京東部湯山、青龍山一帶滯敵前進，戰至十二月八、九日，他們開始撤退至南京市區。依據司令長官的命令，他們準備在城破之後，負責巷戰任務。

李老回憶，他們是斷後的部隊，在混亂中從太平門出來，一路跟著軍長跑，途中與日軍發生槍戰，連長莫偉強陣亡了，李老受了輕傷。我們護著軍長到一個安全的地方，只剩軍長鄧龍光、參謀長陳文、李老和幾位特務連的兄弟，其他不是死了，就是散了！最後他們到了一條河邊，李老背著軍長浮水過河。

依據八十三軍軍部參謀劉紹武（廣東興寧人、黃埔六期畢業）回憶，南京城破前夕，鄧龍光帶領參謀長陳文、副官王志和特務連衛士，隨六十六軍沖出太平門後，到麒麟鎮，再向南到淳化鎮，再到秣陵、龍都鎮。

到龍都時，只剩軍長在內的三、四人。十二月十九日，他們到達皖南與江蘇接壤世界「九十里店」，廿一日到皖南南陵上官雲相管轄的三十二集團軍防區，這才算逃出了日軍的包圍圈。

南京保衛戰老兵採訪後記

《黃埔》雜誌二〇二〇年第三期，特別策劃南京保衛戰老兵採訪紀實（採訪都在二〇一三、二〇一四和二〇一九年間完成），由張定勝整理成文並發表。這期採訪文的九位老兵，應該就是參加南京保衛戰最後的見證者。

南京保衛戰由上層指揮階層不當，導至嚴重後果。但通過採訪，看到許多官兵仍然一心抗敵，奮勇作戰，捨身報國，不畏一死，體現我中華民族之浩然正氣，這是我們要頌揚和傳承的。

南京保衛戰至今（二〇二三年）已過去八十六年了，為了銘記這些曾經浴血抗倭的民族戰士，銘記這段歷史，讓生生世世的中華兒女，永世不忘。張定勝將採訪手記整理成文並發表，功德一件！

拾貳、曹藝、田茂華、高濟川、劉秉坤

曹藝，原名曹聚義（一九〇八—二〇〇〇）：曹景滇的文章只說父親曹藝於二〇〇〇年八月廿一日去世，享年九十二歲。未說生年，但可推算生於一九〇八年，到公元二千年正是九十二歲。

曹藝，一九二六年參加CY（中國共產主義青年團），之後加入共產黨，考入黃埔軍校六期砲科，一九二九年五月畢業。曹景滇的文章，沒有提到父親軍校畢業後的任職工作，寫到父親積極參加黃埔同學會，並在八〇歲以後，為《黃埔》雜誌寫了很多文章。

曹景滇是黃埔二代，多年來一直參加黃埔軍校同學會，參與抗戰文史研究，特別是父親留下的史料、文章，還有他伯父曹聚仁的作品，都有了豐碩的成果。二〇一四年九月，曹景滇、曹景滙、曹忻姐弟三人，專程前往美國國家檔案館、史坦佛大學胡佛研究中心，查閱和複製中國遠征軍影像和史料。二〇〇九年他們出版了父親曹藝文集《無悔地闖過一個世紀》，並計劃再版伯父曹聚仁的《中國抗戰畫史》。

有這麼努力、爭氣的二代，也是我黃埔之光，中國人真的是醒了。也只有清醒的人民，中國夢的實現，中華民族的復興，兩岸的統一，才有完成的一天！

田茂華（一九一七—）：一九三八年初，日軍飛機轟炸滕縣，學生無法上課，田茂華參加學校的慰問團，到部隊給戰士們唱〈松花江上〉、〈義勇軍進行曲〉等救亡歌曲，鼓舞戰志！

不久滕縣保衛戰開打，一二二師王銘章師長戰死，縣長周同下落不明，田茂華父親被日機炸死，她悲憤不已，決心要投身抗戰，殺幾個小日本鬼子，為父親報仇！

一九三八年，田茂華考入位在西安王曲的黃埔七分校，一年後畢業，先分發到洛陽第一戰區政治部檔案室。一九四一年，豫南會戰期間，被派到第五戰區第一四七後方醫院政訓室工作，政訓室原有四個女兵，都是黃埔生，五個同是黃埔女兵，相處如姊妹般親切。

有一晚她們接到緊急命令，要到前線醫院搶救傷者，那時敵我兩軍在「一二三高地」慘烈撕殺，屍體遍野，她們搶救很多傷員。豫南會戰結束，她被調到黃埔七分校（西安王曲）圖書館工作。

一九四五年秋，二十九歲的田茂華在三十一師師長劉釗銘介紹下，認識三十一歲的姜紹勛（山東人、黃埔十三期）。十二月，在劉釗銘主持下，他們結了婚，勝利後，姜紹勛任三十一師少校營長。

一九四八年田茂華在徐州娘家帶八個月的兒子，不久姜紹勛去了台灣，竟成了二人的永別。姜紹勛在鳳山陸軍官校當教官，一九八四年逝世，而在徐州的田茂華一直等著丈夫回來，結果可想而知，總是叫人傷心斷腸！

（補記說明：滕縣，在吾國山東省南部。一九三八年三月，小日本鬼子大舉轟炸、進攻滕縣，守城國軍是第二十二集團軍之一二二師和一二四師之一部，爆發了滕縣保衛戰，這是台兒莊戰役的前哨戰。此戰國軍陣亡三千多人，師長王銘章戰死，日軍攻克滕縣。但也因國軍成功遲滯日軍三天，使得第五戰區有足夠時間布防台兒莊，對台兒莊戰役的勝利起了重要的作用。）

高濟川（一九〇〇—一九四七）：生於一九〇〇年八月，其祖居寶慶（邵陽市）城東門外高家冲，後至原邵陽縣仁義鄉楊梅冲高背塘（今新邵縣寺門前鄉楊梅村高背塘）定居。十六歲之年，高濟川到長沙，投奔已任新軍騎兵團長的二舅何霞卿（同盟會會員），何推薦他入讀湘軍講武堂，畢業後再考入黃埔軍校三期。

軍校畢業後，參加過北伐戰爭，抗戰爆發後，參加過台兒莊會戰、武漢會戰、豫西大會戰，四次負重傷；歷任過營長、團長、副師長，一九四一年，任黃埔七分校軍官班第二大隊大隊長。

一九四七年春，被調國防部少將高參，他並未到任，請長假回家（他不想打內戰、要求解甲歸田）。途中鞍馬勞頓，舊傷復發，九月八日到家，九月十一日就病故。集團軍總司令湯恩伯聞噩耗，來唁電：「功揚半壁，芳流千古」。

自古以來，我們中國軍人最感光榮而神聖的生命結束，就是戰死沙場，馬裏屍而回。筆者早年入讀軍校（四十四期），也是這樣自我期許，只差老校長蔣公的「反攻大陸」計畫未能全面執行。若有機會啟動反攻大戰，想必我早已倒臥沙場，血染神州大地，豈會如今之老朽看著這漢奸島上，大妖女蔡英文領著一群人妖魔男，禍國殃民，禍害中華民族百年!?

高正湘回憶父親高濟川的文章，高老前輩雖未戰死沙場，但也因戰傷而病故家中，其實也等於為國家為民族抵抗日寇而戰死。從他一生行誼來看，他體現了身中國軍人所有的民族氣節，亦為我黃埔之光！

劉秉坤（一九一一—一九九九）：劉文鋒回憶父親劉秉坤的文章，只說父親一九九九年八月二十日與世長辭，享年八十八歲。按此推述，劉老前輩是出生在一九一一年，後來考入黃埔九期，曾在八十一軍當過少校參謀，參加過長沙保衛戰等戰役。

一九四九年六月，劉老在寧夏隨軍起義，一九五一年回江西老家。劉文鋒記得最深刻是父親積極參加黃埔軍校同學會，為慶祝建校七十周年，他父親把九江市都昌縣黃埔同學請到家中聚會，父子忙了好幾天。他父親還寫了兩副對聯貼在大門口，一副書寫：

弘揚黃埔精神改革開放興中華

致力千秋功業老奴揮鞭作愚公

其橫批「精神永振」，這副對聯寫的多麼謙卑！又多麼霸氣，體現了中國人五千年不衰的民族精神。有這樣的精神，那小日本鬼子如何能亡華？今之美帝和西方帝國主義能把我們奈何？牠們有什麼能耐再來和我大中國鬥？老劉的另一副是：

聚會共談談海峽兩岸

同心相求求河山一統

其橫批：「慶祝黃埔軍校建校七十周年」。當時在劉家來了不少黃埔同學，大家共同的心願都是：繼續發揚黃埔精，為國家統一，為振興中華民族大業，再獻出一點餘熱。隨著西方和美帝衰弱，無力再干預台海事，台島內的獨派妖女魔男失去靠山，統一之日不會太遠了！

附件

一、南京，古典的南京

在第十二章〈南京大屠殺、南京保衛戰〉，每一個採訪老兵的內容，都會提到當時敵我兩軍在南京的布陣，以及國軍駐守和最後撤退的地點路線等，如下關、挹江門、雨花台、光華門等。其相關位如下圖。

南京是孫吳（建業）、東晉、宋、齊、梁、陳（建康）、南唐、朱明（應

天府）八朝之帝都，民國十六年又建都南京。所以南京在中國版圖上有重要的戰略地位，三國時孔明就說：「鐘山龍蟠、石頭虎踞」。

實際上從戰國時代起，政治經濟已伸延到長江下游。秦漢兩朝是中國帝國，開疆拓土，完成大一統基本格局的起始。三國孫權據建業（南京），其魏蜀平分天下，他之有此強大的力量，是基「稻作文化」的力量和地緣戰略上的優勢，南京一直成為中國的軍政中心，有其基本的先天原因存在。

南京地緣在長江三角洲之頂端，江面遼闊，有很大的吞吐力量，內外群山所繫，東北有紫金山（鍾山），西北幕府山，城內西南有獅子山、清涼山、五台山。幾個重要城門，都是依山而建，乃成軍略要地。

南京在六朝時，都城正門是宣陽門（今中正街內橋處），與陳雀橋相對。南唐時重心在天津橋，由天津橋南到鎮淮橋，商賈輻輳，建築崇閎。民國後，下關與浦口接為一體，京滬杭、京浦、京漢、京贛鐵路完成後，成為一個水陸空的交通中心。

南京古來多浪漫，「吳宮花草埋幽境，晉代衣冠成古邱」、「南朝四百八十寺，多少煙雨樓臺」、「商女不知亡國恨，隔江尤唱後庭花」。說來歷史雖是殘酷的，也是古典而浪漫。

南京有很多名勝古蹟，玄武湖、棲霞寺、中山陵、挹江門、莫愁湖、靈谷寺、秦淮河、朝天宮、古雞鳴寺、紫金山天文台、台城遺址、掃葉樓、王安石半山亭、明孝陵、夫子廟……

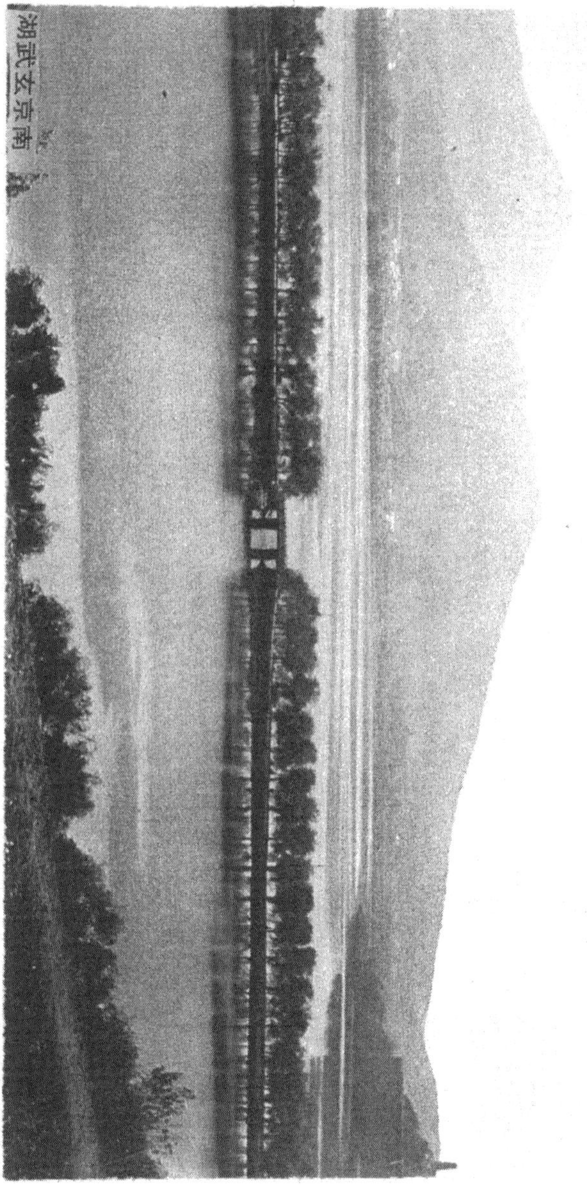

南京棲霞山棲霞寺

南京棲霞山在南京市東北，寺建於山麓，南唐隱士名棲霞者曾修道於此，有寺塔及達摩洞等古跡。

南京中山陵——諸葛武侯嘗謂：「金陵鍾山龍蟠，石頭虎踞，帝王之宅」。中山先生主張建都南京，奉安後，建中山陵於紫金山上東部茅山南坡，陵墓林園，俱皆新式，以安息第一代偉人。

莫愁湖亭園——在水西門外，明時爲徐中山園。昔傳六朝時有才妓莫愁居湖上，因以名之。明太祖時大加開發，築有華嚴菴、勝碁樓。太平天國後，曾國藩嘗遊息於此。湖旁有烟水魏國祠堂等。

玄武湖蓮花港——湖在玄武門外，曾國藩平洪楊後，大加修整，民國後築環湖馬路，遊人益便。夏秋之交，荷花盛開，花紅蓋翠，瀰望及天。玄武湖上有五洲，遍植櫻花，初春時，霧綠攢紅，爲湖中憑添佳氣。蓮花港則爲遊湖中心，湖心亭、賞荷廳、景行樓、陶然亭，勝景甚多。

江京挹江門——是由下關至南京的第一關門。南京城建於明代，依山帶河，獨得山川形勢之勝。

靈谷寺革命紀念塔——在靈谷寺旁有一殿宇宏偉的紀念塔，爲忠烈祠，以祭祀國民革命的志士及先烈，氣氛肅穆莊嚴。

棲霞山鳥瞰——棲霞山之於南京，猶西山之於北平。古詩云：「停車坐看楓林晚，霜葉紅於二月花」，卽指此處，去南京僅四〇里。霞棲古刹，歷史湮遠，有塔寺菴泉之勝。

棲霞千佛巖——在南京棲霞寺舍利塔北，有佛像窟多處，多爲南齊時代作品。大者丈餘，小者數尺，千餘年風露侵蝕已有失眞。

古勝棋樓——太平之亂後，曾國藩對莫愁湖大加修葺。文正公治軍甚嚴，但有棋癖，每日在此數弈不倦。此樓原爲明太祖與徐中山弈棋處，相約棋勝，賜爲私第。

秦淮河——自晉以來，秦淮河即爲烟月金粉之區，兩岸河房，水中畫舫，都是楚腰成行；鄭聲盈耳。秦淮是集南京附近水流成川，由城南，經惠民河而入長江，是一個交通方便之河道。

南京夫子廟——在秦淮河北貢院街，這位祀祭至聖先師的聖地已變成一個百藝雜陳，歌舞優娼之區。

南京古鷄鳴寺——是南朝古寺之一，旁有豁業樓，佔盡風水之勝。由此可以鳥瞰五洲明湖，極目千里，金陵形勢，盡在目中。

南京朝天宮——在冶城山舊地，原爲明初百官演儀之所，清改爲文廟，民國改爲中央教育館。宮北有謝公墩，西有卞壺墓。

台城遺址——南京是中國六大古都之一。各代中以六朝爲最盛。臺城在覆舟山，玄武湖側，各朝多建宮室於此，豪奢冠絕一世。可惜：「吳宮花草埋幽徑，晉代衣冠成古邱」，今則故壘蕭蕭，空餘銅駝禾黍。

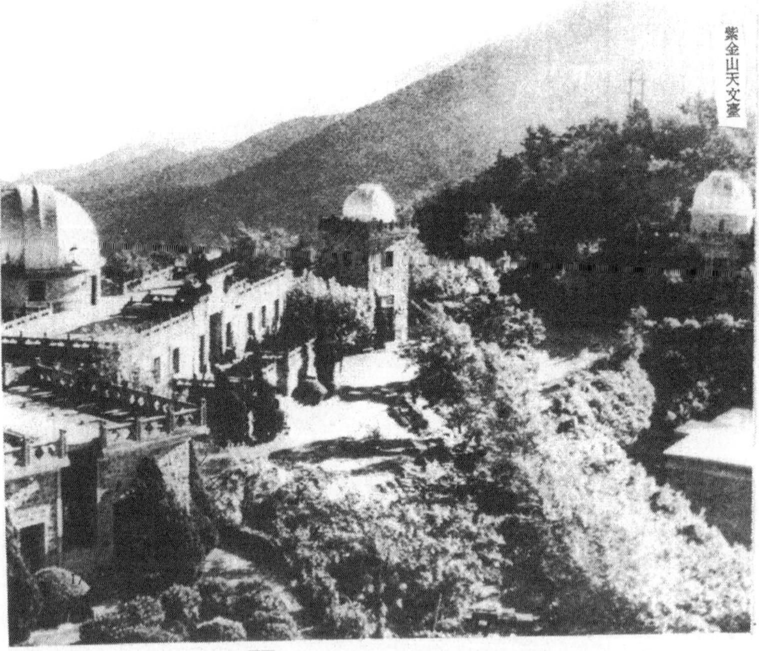

紫金山天文臺

二、抗戰時期流行的歌曲

中華民族不會亡

1=♭B 2/4

野　青詞
呂　驥曲

快　興奮地

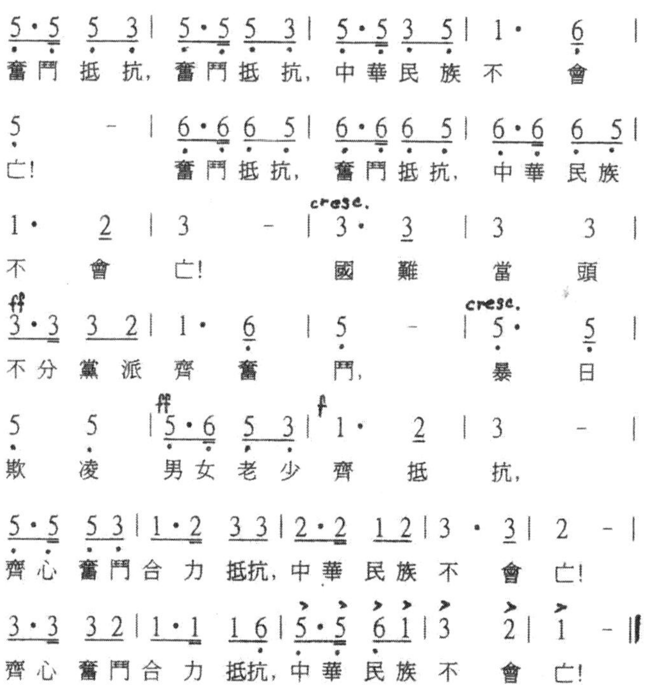
奮鬥抵抗，奮鬥抵抗，中華民族不會
亡！ 奮鬥抵抗，奮鬥抵抗，中華民族
cresc.
不會亡！國難當頭
ff
cresc.
不分黨派齊奮鬥，暴日
ff
f
欺凌男女老少齊抵抗，
齊心奮鬥合力抵抗，中華民族不會亡！
齊心奮鬥合力抵抗，中華民族不會亡！

我是中國人

G調4/4

羅靖華詞
黎錦暉曲

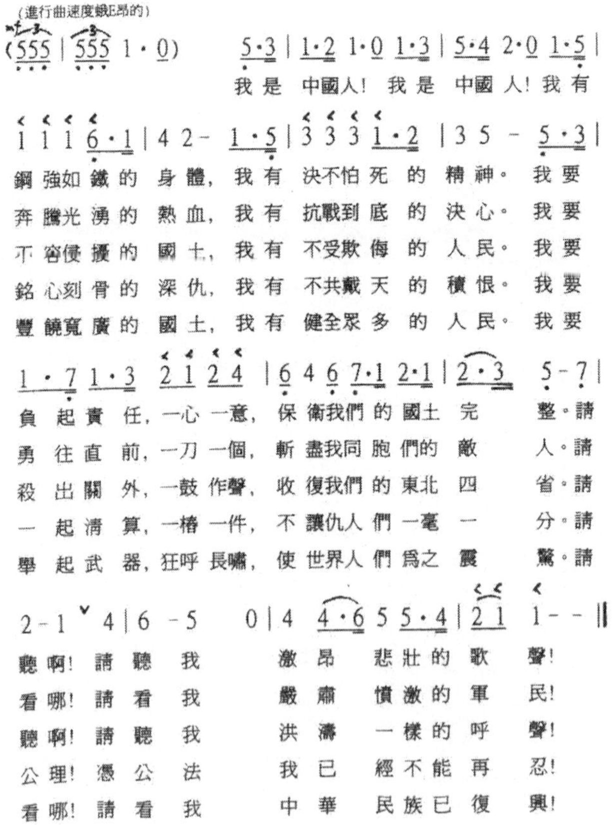
(進行曲速度激昂的)
我是 中國人! 我是 中國人! 我有
鋼強如鐵的 身體, 我有 決不怕死的 精神。 我要
奔騰光湧的 熱血, 我有 抗戰到底的 決心。 我要
不容侵擾的 國土, 我有 不受欺侮的 人民。 我要
銘心刻骨的 深仇, 我有 不共戴天的 積恨。 我要
豐饒寬廣的 國土, 我有 健全眾多的 人民。 我要
負起責任, 一心一意, 保衛我們的國土 完 整。請
勇往直前, 一刀一個, 斬盡我同胞們的 敵 人。請
殺出關外, 一鼓作聲, 收復我們的東北 四 省。請
一起清算, 一樁一件, 不讓仇人們一毫 一 分。請
舉起武器, 狂呼長嘯, 使世界人們爲之 震 驚。請
聽啊! 請聽我 激昂悲壯的歌 聲!
看哪! 請看我 嚴肅憤激的軍 民!
聽啊! 請聽我 洪濤一樣的呼 聲!
公理! 憑公法 我已經不能再 忍!
看哪! 請看我 中華民族已復 興!

保衛蘆溝橋

1= ♭B2/4

塞 克詞
冼星海曲

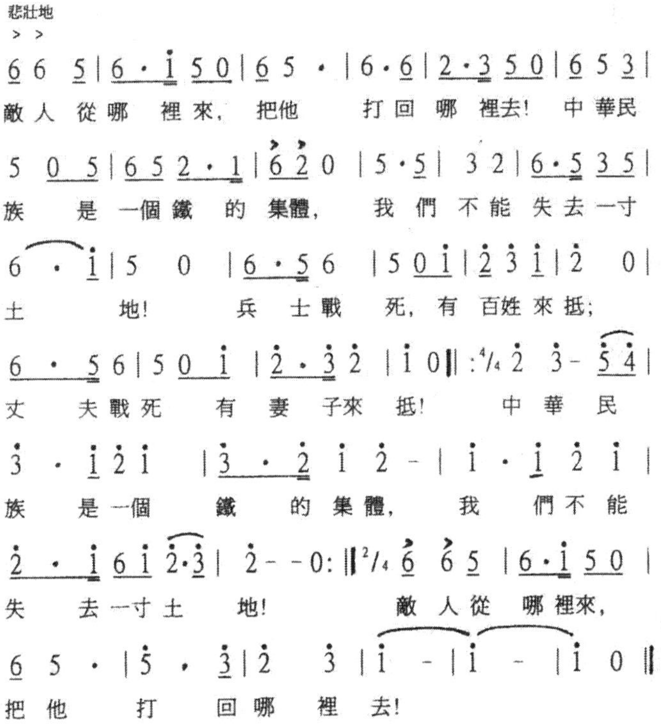
悲壯地
敵人從哪裡來，把他打回哪裡去！中華民
族是一個鐵的集體，我們不能失去一寸
土地！兵士戰死，有百姓來抵；
丈夫戰死有妻子來抵！中華民
族是一個鐵的集體，我們不能
失去一寸土地！敵人從哪裡來，
把他打回哪裡去！

歌八百壯士

1 = ♭B4/4

桂濤聲詞
夏之秋曲

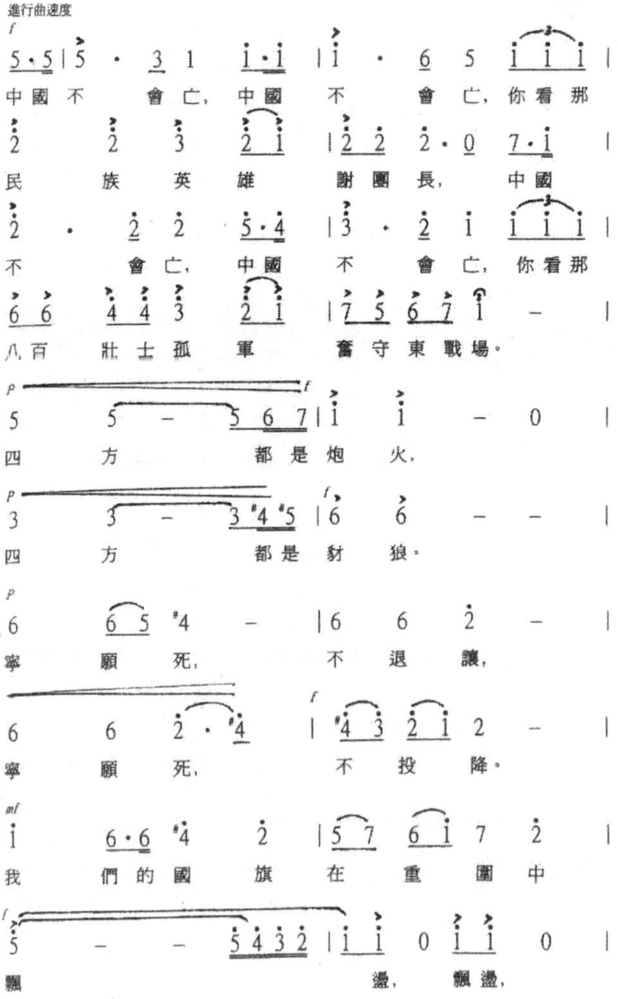
進行曲速度
中國不會亡，中國不會亡，你看那
民族英雄謝團長，中國
不會亡，中國不會亡，你看那
八百壯士孤軍奮守東戰場。
四方都是炮火，
四方都是豺狼。
寧願死，不退讓，
寧願死，不投降。
我們的國旗在重圍中
飄盪，飄盪，

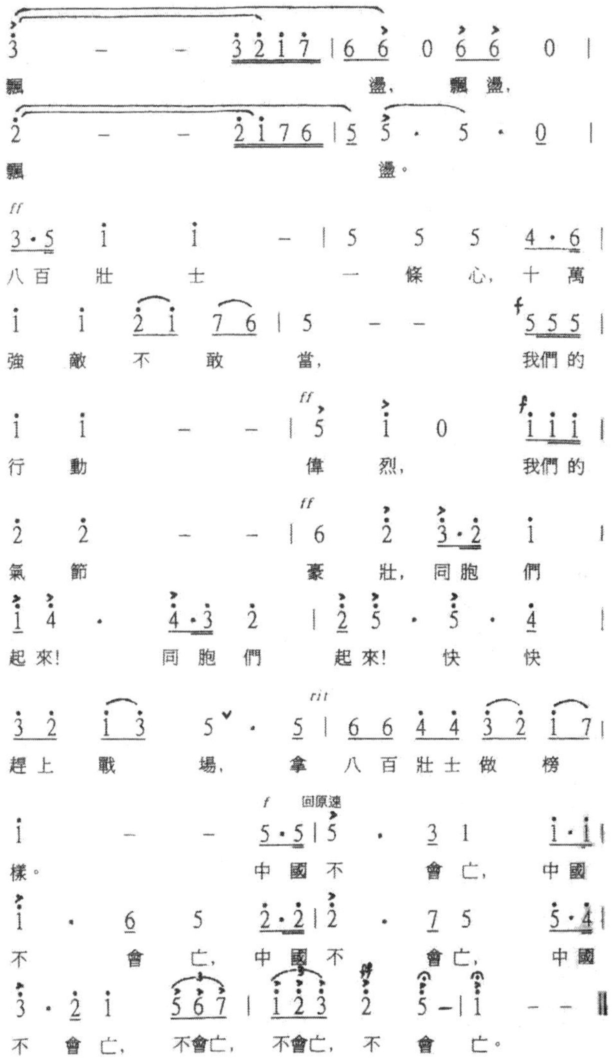

飄 盪，飄 盪，
飄 盪。
八百壯士一條心，十萬
強敵不敢當，我們的
行動偉烈，我們的
氣節豪壯，同胞們
起來！同胞們起來！快快
趕上戰場，拿八百壯士做榜
回原速
樣。中國不會亡，中國
不會亡，中國不會亡，中國
不會亡，不會亡，不會亡，不會亡。

黃　河　頌

1 = C4/4

光未然詞
冼星海曲

（頌慢．帶悲壯纏綿的情緒）

0 0 0 ꜀12 | 3·5 3 2·1 | 6 － － 0 | 6 5 3　2 1 3 |

（男聲獨唱）我　站 在 高山 之　顛，　　　望黃河　滾

2 － － | ³/₄ 3 5 3 5 3 | 1－　－ | 3 5 6 5 6 |

滾，　　　奔向東　南，　　驚濤澎

1 － － | 1 － － | 2·1 6 5 | 3 5 3 2 － | 1 2·3 |

湃，　　　掀起萬丈 狂　瀾，濁 流

5 － 3 5 | 6 1 － 5 | 6 5 3 3 | 2 － 1 | 2·3 5 6 |

婉　　轉，結成九 曲連　環從　崑崙山

3 － － | 5·6 3 5 6 1 | 5 － 1 | 2 3 5 6 3 5 | 5 － 5 6 |

下　　奔向黃　海之　邊，把中原大　地　劈成

1 6 5·6 | 2 － 7 6 | 5 － － | 5 － － | (1 2 3 5 6 1 |

南 北 兩　　面。

5 － 1 2 | 3 5 1 6 1 6 | 5 － －) | ²/₄ 1 － | 6 1 6 5 |

　　　　　　　　　　　啊！ 黃　　河

3 3 5 | 6 1 6 1 6 | 6 5 | 5 1 2 | 3·5 3 2 | 1 2 1 6 |

你是 我們 民族 的 搖籃， 五千年的古 國 文　　化，

6 3 2 1 2 | 5 6 1 6 1·1 | 2 2 6 | 5 6 1 6·3 | 2·3 5 6 |

從你 這兒 發源； 多少 英雄 的 故 事在 你 的 周 圍

1 2 6 1 | 2 － 2 － | 3 2 3 1 2 6 | 6 － 6 | 2　3 |

扮　　演。　　啊！ 黃　河　　你 是

1 1 2 6 | 0 5 3 5 | 1 2 1 6 1 | 5 － | 6 6 5 | 1 2 6 1 6 |

偉大堅強， 像 一個 巨　　人， 出現在 亞洲莽原之

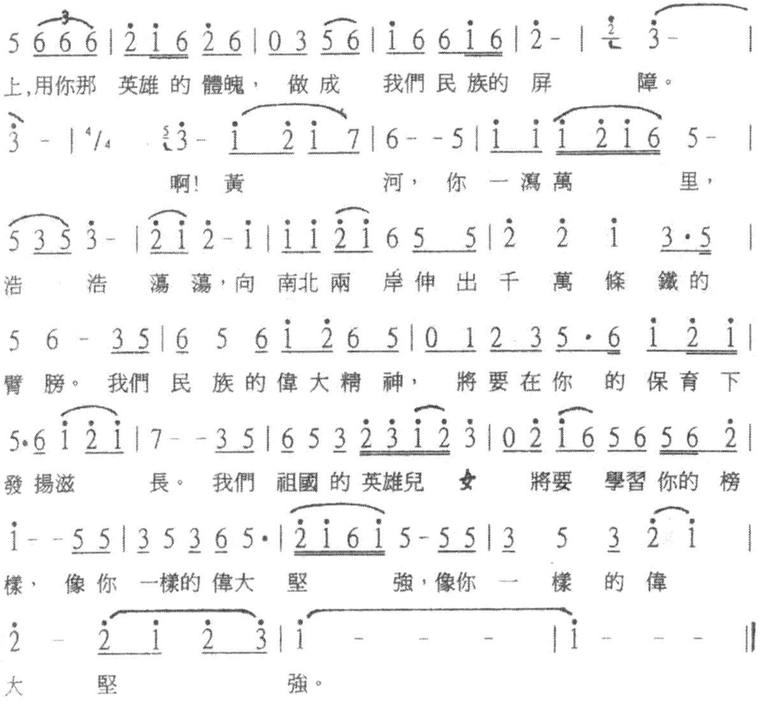

5 6̲6̲6̲ | 2̲1̲ 6̲2̲ 6 | 0̲3̲5̲6̲ | 1̲ 6̲6̲ 1̲6̲ | 2̇- | 2̇ 3̇- |
上，用你那 英雄 的 體魄，做 成 我們 民族 的 屏 障。

3̇- | ⁴/₄ - 3̇- | 1̇ 2̇ 1̇ 7 | 6--5 | 1̇ 1̇ 1̇ 2̇ 1̇ 6 5- |
啊！黃 河，你 一 瀉 萬 里，

5̲ 3̲5̲ 3̇- | 2̇1̲ 2̇-1̇ | 1̲ 1̲2̲ 1̲ 6 5 5 | 2̇ 2 1 3̇·5̲ |
浩 浩 蕩 蕩，向 南北 兩 岸 伸 出 千 萬 條 鐵 的

5 6 - 3̲5̲ | 6 5 6̲ 1̲ 2̲ 6̲ 5 | 0 1̲ 2̲ 3̲ 5̲·6̲ | 1̇ 2̇ 1̇ |
臂 膀。我們 民 族 的 偉 大 精 神， 將要 在你 的 保 育 下

5̲·6̲ 1̇ 2̇ 1̇ | 7 - - 3̲5̲ | 6̲5̲3̲ 2̲3̲1̲ 2̲3̲ | 0̲ 2̲1̲ 6̲5̲ 6̲5̲ 6̲ 2̇ |
發 揚 滋 長。我們 祖 國 的 英雄 兒 女 將要 學習 你的 榜

1̇ - - 5̲5̲ | 3̲5̲ 3̲6̲ 5̲·| 2̇1̲ 6̲1̲ 5- 5̲5̲ | 3 5 3 2̇ 1̇ |
樣，像你 一 樣的 偉大 堅 強，像你 一 樣 的 偉

2̇ - 2̲1̇ 2̇ 3̲ | 1̇ - - - | 1̇ - - - ‖
大 堅 強。

凱 旋 歌

D調 2/4

砲聲隆隆，同志們齊奮勇，抖擻精神，
勇敢前進，拚命作鬥爭！進兮！進兮！抗日軍隊
銳氣貫長虹，不收失地，不滅日賊，寧死目不瞑。

(二)槍聲堂堂，個個精神壯，
衝破敵人，殺退敵人，
魂飛膽又喪，
進兮！進兮！
長驅直入，進搗陽山旁，
不擒傀儡，不奪輜重，
誓不轉回鄉。

(三)號聲嗚嗚，好似催陣鼓，
風雲色變，殺氣衝霄，
戰士如猛虎，
進兮！進兮！
手提敵頭，征衣血模糊，
白山黑水，我做主人
萬歲齊高呼。

(四)金聲揚揚，保勝收戰場，
凱旋凱旋唱歌，跳舞紅旗，
亂飛揚，
進兮！進兮！
民眾慶祝，歡迎救國忙，
羊羔美酒，紀念吾輩，
民眾慶解放。

日寇戰死鬼魂悲訴歌

龐慎言 憶唱
陳燕燕 記譜

4/4

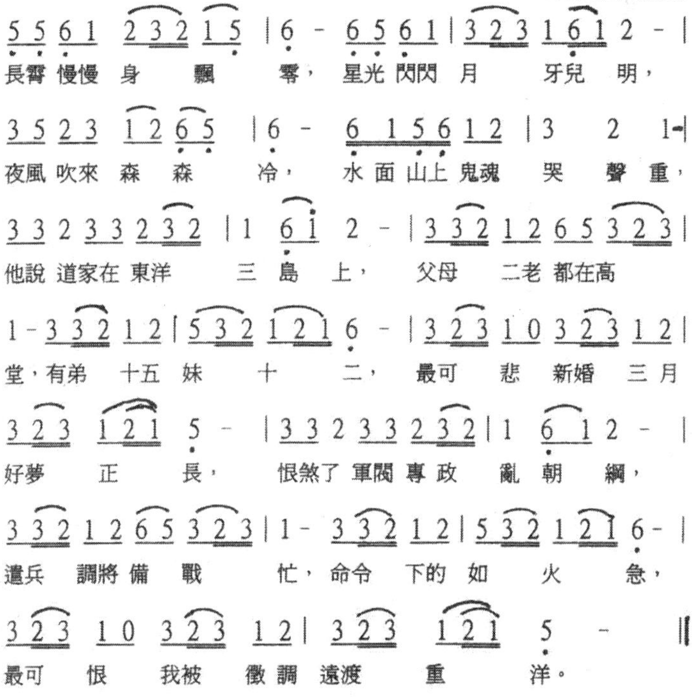
長霄慢慢身飄零，星光閃閃月牙兒明，
夜風吹來森森冷，水面山上鬼魂哭聲重，
他說道家在東洋三島上，父母二老都在高
堂，有弟十五妹十二，最可悲新婚三月
好夢正長，恨煞了軍閥專政亂朝綱，
遣兵調將備戰忙，命令下的如火急，
最可恨我被徵調遠渡重洋。

把鬼子趕出鴨綠江邊

♭E調 4/4　　　　夏川詞
　　　　　　　　久鳴曲

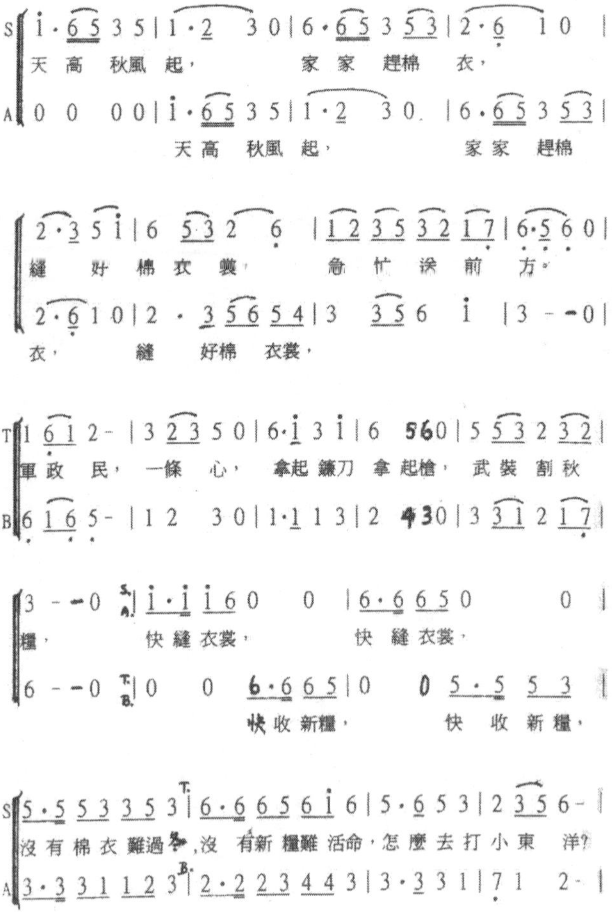
天高秋風起，家家趕棉衣，
天高秋風起，家家趕棉
縫好棉衣裳，急忙送前方。
衣，縫好棉衣裳，
軍政民，一條心，拿起鐮刀拿起槍，武裝割秋
糧，快縫衣裳，快縫衣裳，
快收新糧，快收新糧，
沒有棉衣難過冬，沒有新糧難活命，怎麼去打小東洋？

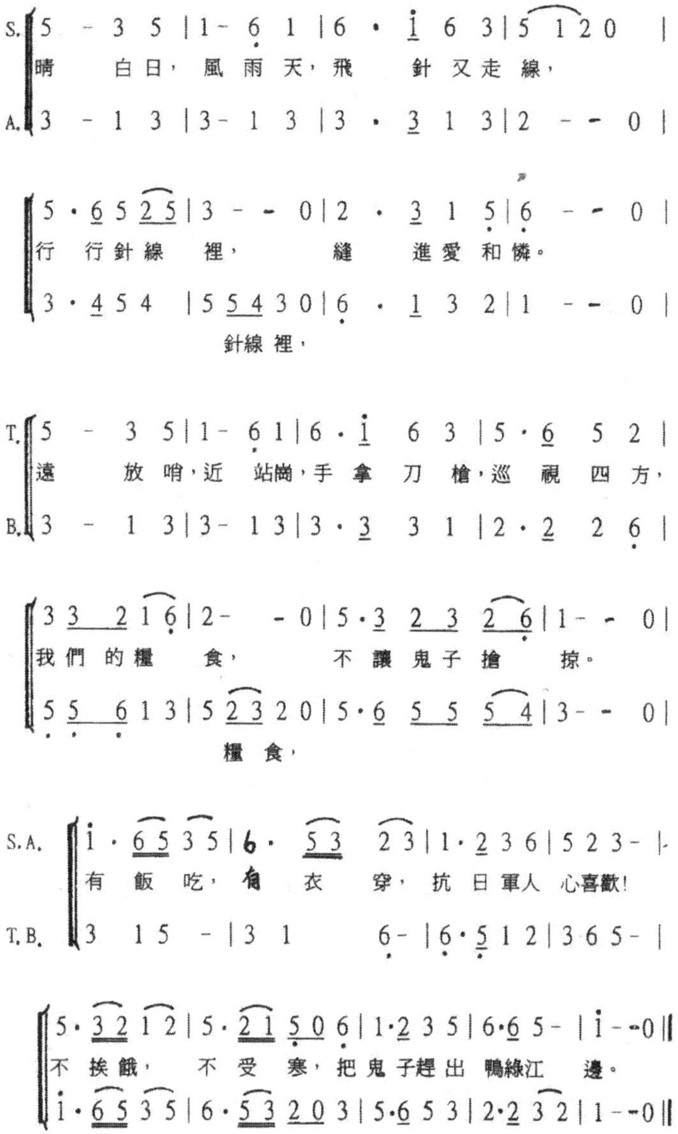

S. `5 - 3 5 | 1 - 6 1 | 6 · i 6 3 | 5 1 2 0 |`
晴　　白日，風雨天，飛　針又走線，

A. `3 - 1 3 | 3 - 1 3 | 3 · 3 1 3 | 2 - - 0 |`

`5 · 6 5 2 5 | 3 - - 0 | 2 · 3 1 5 | 6 - - 0 |`
行　行針線　裡，　縫　進愛和憐。

`3 · 4 5 4 | 5 5 4 3 0 | 6 · 1 3 2 | 1 - - 0 |`
　　　　針線裡，

T. `5 - 3 5 | 1 - 6 1 | 6 · i 6 3 | 5 · 6 5 2 |`
遠　　放哨，近 站崗，手拿 刀槍，巡 視 四方，

B. `3 - 1 3 | 3 - 1 3 | 3 · 3 3 1 | 2 · 2 2 6 |`

`3 3 2 1 6 | 2 - - 0 | 5 · 3 2 3 2 6 | 1 - - 0 |`
我 們 的糧　食，　　不 讓鬼子搶　掠。

`5 5 6 1 3 | 5 2 3 2 0 | 5 · 6 5 5 5 4 | 3 - - 0 |`
　　　　糧　食，

S.A. `i · 6 5 3 5 | 6 · 5 3 2 3 | 1 · 2 3 6 | 5 2 3 - |`
有 飯吃，有　衣　穿，抗日軍人 心喜歡！

T.B. `3 1 5 - | 3 1　　6 - | 6 · 5 1 2 | 3 6 5 - |`

`5 · 3 2 1 2 | 5 · 2 1 5 0 6 | 1 · 2 3 5 | 6 · 6 5 - | i - - 0 |`
不 挨餓，　不 受　寒，把鬼子趕出 鴨綠江　邊。

`i · 6 5 3 5 | 6 · 5 3 2 0 3 | 5 · 6 5 3 | 2 · 2 3 2 | 1 - - 0 |`

只怕不抵抗

1 =G 2/4

麥 新詞
冼星海曲

活潑天真地

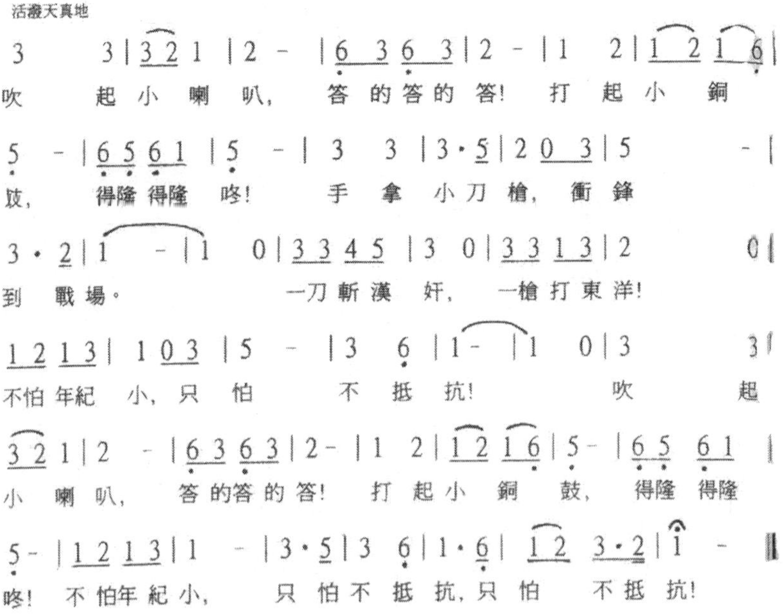
吹 起小 喇 叭， 答 的答的 答！ 打 起小 銅
鼓， 得隆 得隆 咚！ 手 拿 小刀 槍， 衝 鋒
到 戰 場。 一刀 斬 漢 奸， 一槍 打 東 洋！
不怕 年紀 小，只 怕 不 抵 抗！ 吹 起
小 喇 叭， 答 的答 的 答！ 打 起 小 銅 鼓， 得隆 得隆
咚！ 不 怕年 紀 小， 只 怕 不 抵 抗，只 怕 不 抵 抗！

bB4/4　　　　　　　中國一定強

5̲5̲ |5 · 3 1 1̲1̲ | 1̲· 6̲ 5 1̲1̲1̲ | 2 2 3 2̲· 1̲ | 2 2 2 7̲· 1̲ |
中國一　定強中國一　定強你看那　民族英雄　　謝團長中國

2̲· 2̲ 2̲ 5̲4̲ | 3̲· 2̲ 1̲ 1̲1̲1̲ | 6̲6̲ 4̲4̲ 3̲2̲1̲ | 7̲5̲6̲7̲ 1 — |
一　定強中國　一定強你看那　八百壯士孤軍　奮守東戰場

5 5 — 5̲6̲7̲ | 1 1 0 0 | 3 3 — 3̲4̲5̲ | 6̲6̲ 0 0 |
四方　都是　炮火　　　四方都是　豺狼

6 6̲· 5̲ 4 — | 6 6 2 — | 6 6 2̲· 4̲ | 4̲3̲ 2̲ 1 2 — |
寧戰死　不退讓　寧戰死　不　投降

1̲ 6̲ 5̲ 4̲ 2 | 5̲7̲ 6̲1̲ 7̲ 2̲ | 5 — · 3̲2̲1̲ | 1 0 1̲1̲ 0 |
我們的國旗　在重圍中飄　　　盪　飄盪

3 — · 2̲1̲7̲ | 6 0 6̲6̲ 0 | 2 — · 1̲6̲6̲ | 5 — — · |
飄　　　盪飄盪　飄　　　盪

3̲5̲ 1̲ 1 — | 5 5 5 4̲6̲ | 1 1̲ 2̲1̲ 7̲6̲ | 5 — 5̲5̲5̲ |
八百壯士　一條心　十萬強敢末敢擋　我們的

1 1 — · 5̲ | 1 0 0 1̲1̲1̲ | 2 2 — 6 | 2 3̲2̲ 1̲1̲ |
行動　偉烈　　我們的氣節　豪壯同胞們起

4 — 4̲3̲2̲2̲ | 5 — 5 · 4̲ | 3̲2̲ 1 3 5· 5̲ | 6̲6̲ 4̲4̲ 3̲2̲1̲7̲ |
來　同胞們起來　快　快趕上戰場拿八百壯士做榜

1 — · 5̲· 5̲ | 5 · 3 1 1̲1̲ | 1̲· 6̲ 5 2̲2̲ | 2 · 7̲ 5 5̲4̲ |
樣　中國一定強中國一　定強中國一　定強中國

3̲· 2̲ 1̲ 5̲6̲7̲ | 1̲2̲ 3 0 | 2 — | 5 — · 1̲1̲ |
一定強一定強一定強一　定　　　強

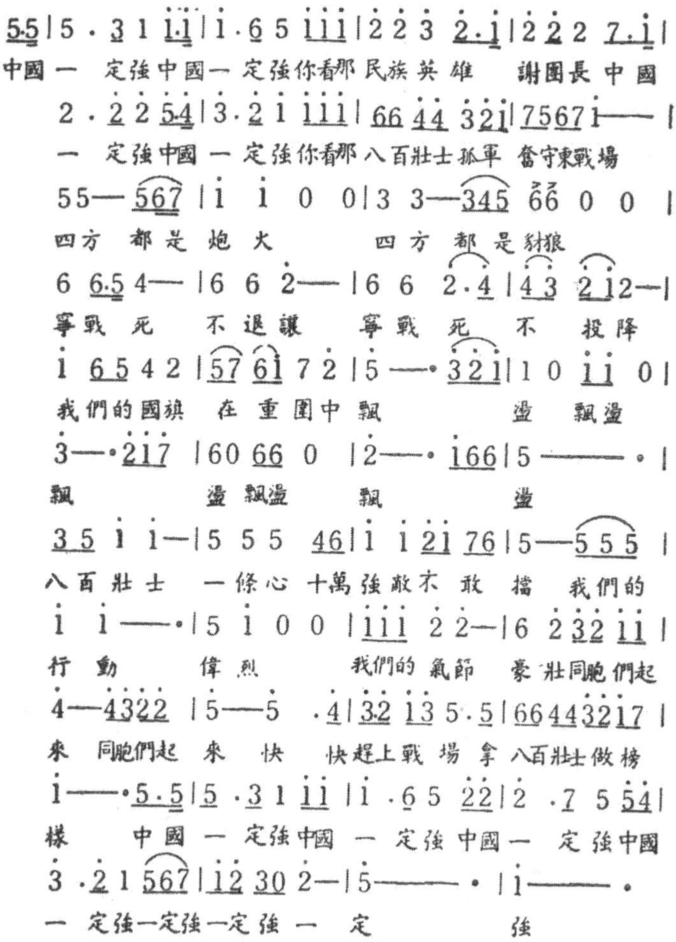

松花江上

C調 4/4 3/4　　　　張寒暉 詞曲

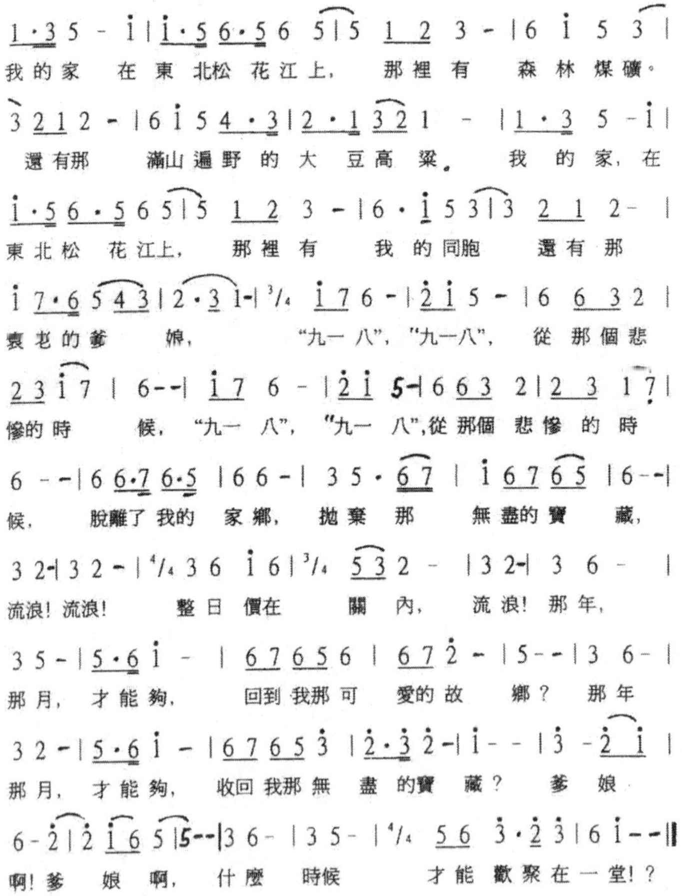
我的家 在東北松花江上，那裡有 森林煤礦。
還有那 滿山遍野的大豆高粱。 我的家，在
東北松 花江上， 那裡有 我的同胞 還有那
衰老的爹 娘， “九一八”，“九一八”， 從那個悲
慘的時 候，“九一 八”，“九一 八”,從那個 悲慘的時
候， 脫離了我的 家鄉， 拋棄那 無盡的寶 藏，
流浪！流浪！ 整日價在 關內， 流浪！那年，
那月，才能夠， 回到我那可愛的故 鄉？ 那年
那月，才能夠， 收回我那無盡的寶藏？ 爹 娘
啊！爹 娘 啊， 什麼 時候 才能歡聚在一堂！？

保 衛 黃 河

(黃河大合唱)選曲

1 = C 2/4

光未然 詞
冼星海 曲

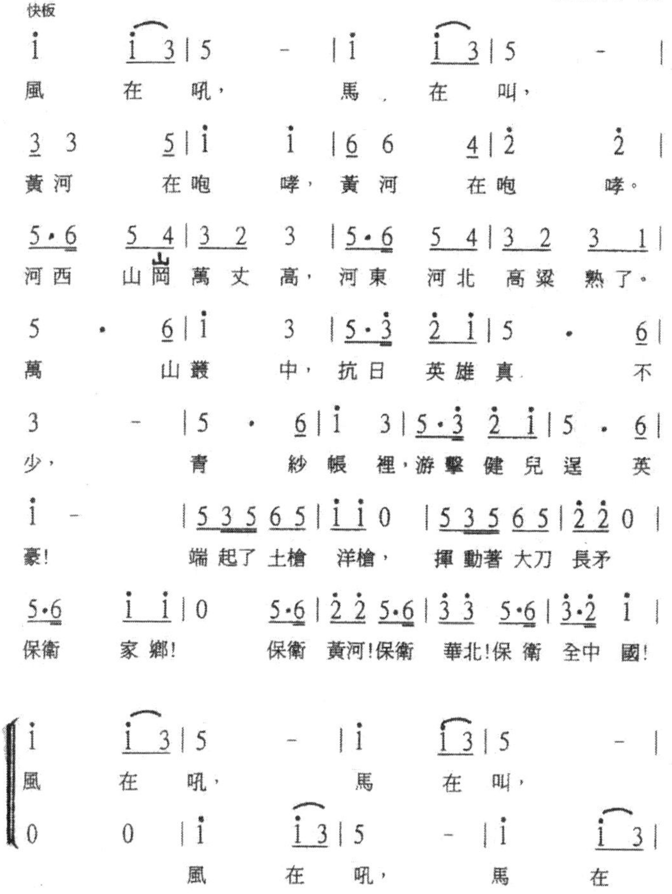
快板
風 在 吼， 馬 在 叫，
黃河 在咆 哮，黃 河 在咆 哮。
河西 山岡 萬 丈 高，河東 河北 高粱 熟 了。
萬 山叢 中，抗日 英雄 真 不
少， 青 紗 帳 裡，游擊 健 兒 逞 英
豪！ 端 起了 土槍 洋槍， 揮 動著 大刀 長矛
保衛 家 鄉！ 保衛 黃河！保衛 華北！保 衛 全中 國！
風 在 吼， 馬 在 叫，
風 在 吼， 馬 在

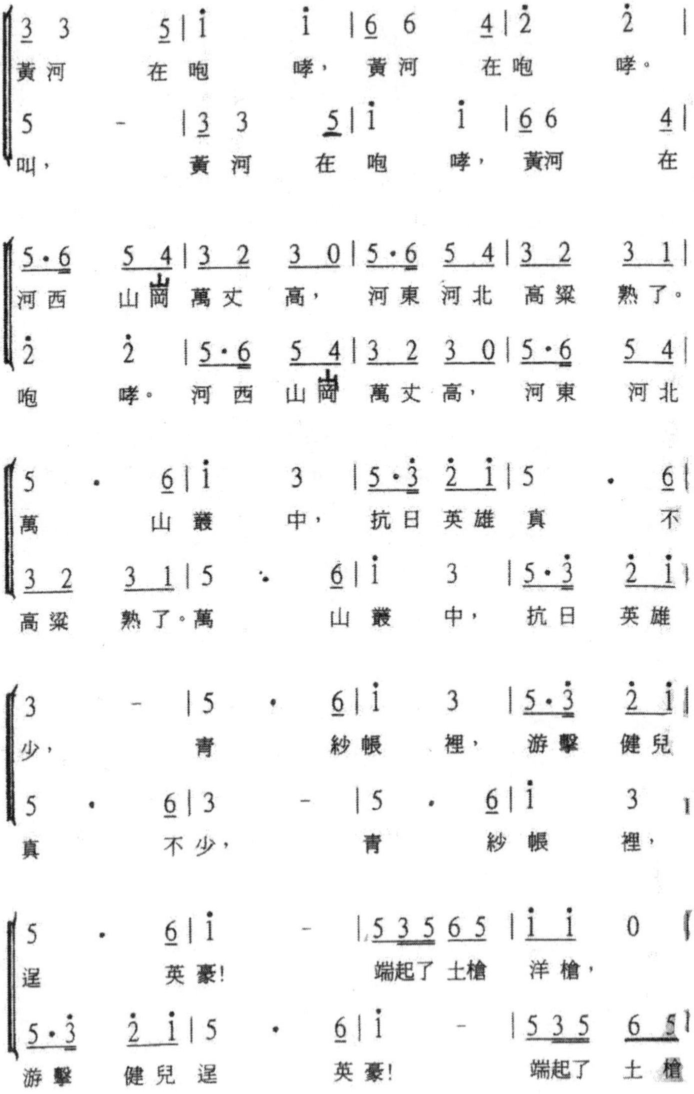
黃河在咆哮，黃河在咆哮。
叫，黃河在咆哮，黃河在
河西山岡萬丈高，河東河北高粱熟了。
咆哮。河西山岡萬丈高，河東河北
萬山叢中，抗日英雄真不
高粱熟了。萬山叢中，抗日英雄
少，青紗帳裡，游擊健兒
真不少，青紗帳裡，
逞英豪！端起了土槍洋槍，
游擊健兒逞英豪！端起了土槍

5 3 5 6 5 | 2̇ 2̇   0 | 5·6 1̇ 1̇ 0   5·6 |
揮 動 著 大 刀 長 矛。   保 衛 家 鄉!   保 衛

1̇   0 | 5 3 5 6 5 | 2̇ 2̇ 0 | 5·6   1̇ 1̇ |
         揮 動 著 大 刀 長 矛,   保 衛   家 鄉!

2̇ 2̇   5·6 | 3̇ 3̇   5·6 | 3̇·2̇ 1̇ | 1̇   — ‖
黃 河! 保 衛 華 北! 保 衛 全 中 國!

5·6   2̇ 2̇ | 5·6   3̇ 3̇ | 5·6   5 4 | 3   — ‖
保 衛 黃 河! 保 衛 華 北! 保 衛 全 中 國!

1̇   1̇ 3 | 5   — | 3 2 3 5 | 1̇ 6   5 0 |
風   在 吼,   隆 格 隆 格 隆 格 隆,

0   0 | 1̇   1̇ 3 | 5   — | 3 2   3 5 |
        風   在 吼,   隆 格   隆 格

0   0 | 0   0 | 1̇   1̇ 3 | 5   — |
                  風   在 吼,

1̇   1̇ 3 | 5   — | 3 5 6 1̇ 5 4 | 3 0 |
馬   在 叫,   隆 格 隆 格 隆 格 隆

1̇ 6   5 0 | 1̇   1̇ 3 | 5   — | 3 5   6 1̇ |
隆 格 隆, 馬   在 叫,   隆 格   隆 格

3 2   3 5 | 1̇ 6   5 0 | 1̇   1̇ 2 5 | — |
隆 格 隆 格 隆 格 隆, 馬   在 ,

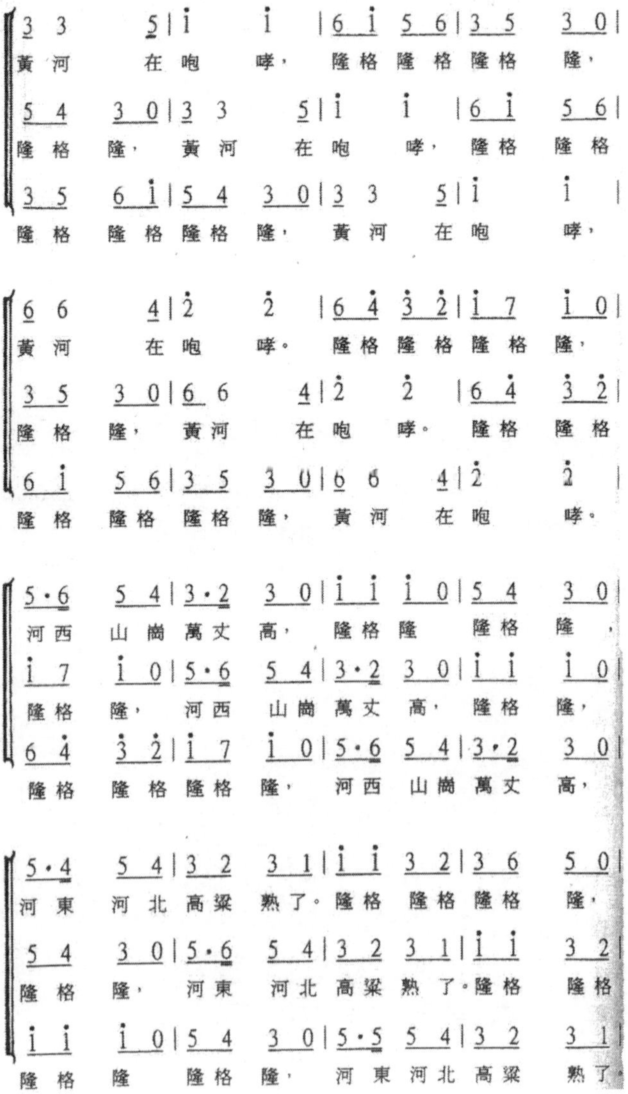

3　3　　　5 1̇　1̇　｜ 6 1̇ 5 6｜3 5　　3 0｜
黃　河　　在 咆　哮，　隆 格 隆 格 隆 格 隆，

5 4　3 0｜3　3　　　5 1̇　1̇　｜6 1̇　5 6｜
隆 格 隆，黃　河　　在 咆　哮，　隆 格 隆 格

3 5　6 1̇｜5 4　3 0｜3　3　　　5 1̇　1̇　｜
隆 格 隆 格 隆 格 隆，黃　河　　在 咆　哮，

6　6　　　4 2̇　2̇　｜6 4̇ 3 2̇ 1̇ 7　1̇ 0｜
黃　河　　在 咆　哮。　隆 格 隆 格 隆 格 隆，

3 5　3 0｜6　6　　　4 2̇　2̇　｜6 4̇　3 2̇｜
隆 格 隆，黃　河　　在 咆　哮。　隆 格 隆 格

6 1̇　5 6｜3 5　3 0｜6　6　　　4 2̇　2̇　｜
隆 格 隆 格 隆 格 隆，黃　河　　在 咆　哮。

5·6　　5 4｜3·2　3 0｜1̇ 1̇ 1̇ 0｜5 4　　3 0｜
河 西　山 崗 萬 丈 高，　隆 格 隆　隆 格 隆，

1̇ 7　1̇ 0｜5·6　　5 4｜3·2　3 0｜1̇ 1̇　1̇ 0｜
隆 格 隆，河 西　山 崗 萬 丈 高，　隆 格 隆，

6 4̇　3 2̇｜1̇ 7　1̇ 0｜5·6　5 4｜3·2　　3 0｜
隆 格 隆 格 隆 格 隆，河 西　山 崗 萬 丈 高，

5·4　　5 4｜3 2　3 1｜1̇ 1̇ 3 2｜3 6　　5 0｜
河 東　河 北 高 粱 熟 了。隆 格 隆 格 隆 格 隆，

5 4　3 0｜5·6　　5 4｜3 2　3 1｜1̇ 1̇　3 2｜
隆 格 隆，河 東　河 北 高 粱 熟 了。隆 格 隆 格

1̇ 1̇　1̇ 0｜5 4　3 0｜5·5　5 4｜3 2　　3 1｜
隆 格 隆　隆 格 隆，河 東 河 北 高 粱　熟 了。

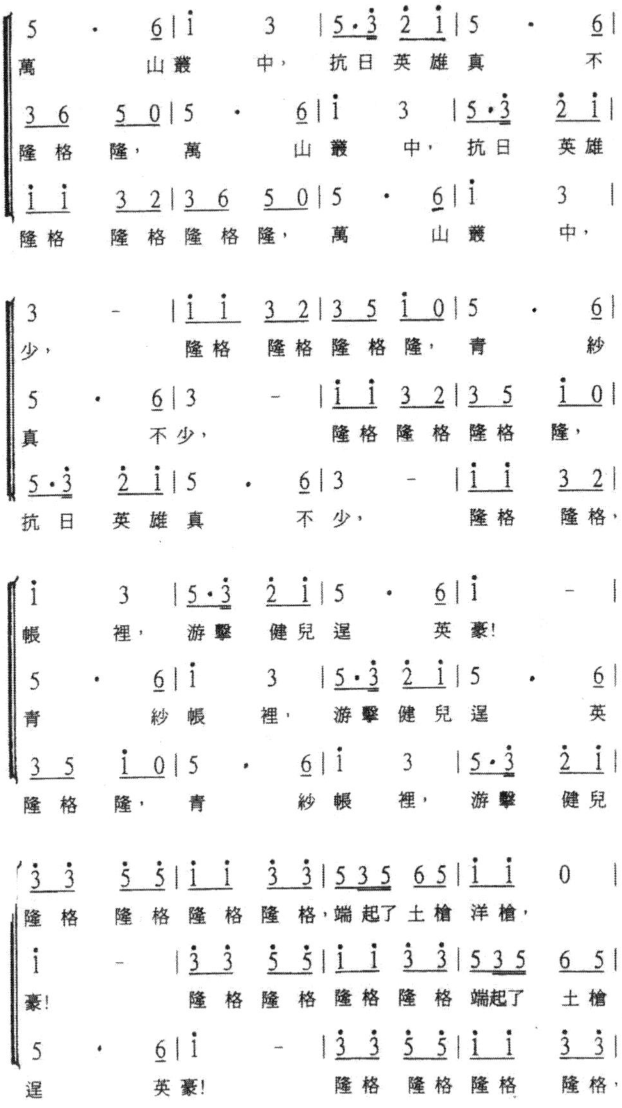

萬 山 叢 中, 抗日英雄 真 不

3 6 5 0 | 5 · 6 | i 3 | 5·3 2 i |
隆格 隆, 萬 山 叢 中, 抗日 英雄

i i 3 2 | 3 6 5 0 | 5 · 6 | i 3 |
隆格 隆格 隆格 隆, 萬 山 叢 中,

3 - | i i 3 2 | 3 5 i 0 | 5 · 6 |
少, 隆格 隆格 隆格 隆, 青 紗

5 · 6 | 3 - | i i 3 2 | 3 5 i 0 |
真 不 少, 隆格 隆格 隆格 隆,

5·3 2 i | 5 · 6 | 3 - | i i 3 2 |
抗日 英雄 真 不 少, 隆格 隆格,

i 3 | 5·3 2 i | 5 · 6 | i - |
帳 裡, 游擊 健兒 逞 英 豪!

5 · 6 | i 3 | 5·3 2 i | 5 · 6 |
青 紗帳 裡, 游擊 健兒 逞 英

3 5 i 0 | 5 · 6 | i 3 | 5·3 2 i |
隆格 隆, 青 紗帳 裡, 游擊 健兒

3 3 5 5 | i i 3 3 | 5 3 5 6 5 | i i 0 |
隆格 隆格 隆格 隆格, 端起了 土槍 洋槍,

i - | 3 3 5 5 | i i 3 3 | 5 3 5 6 5 |
豪! 隆格 隆格 隆格 隆格 端起了 土槍

5 · 6 | i - | 3 3 5 5 | i i 3 3 |
逞 英豪! 隆格 隆格 隆格 隆格,

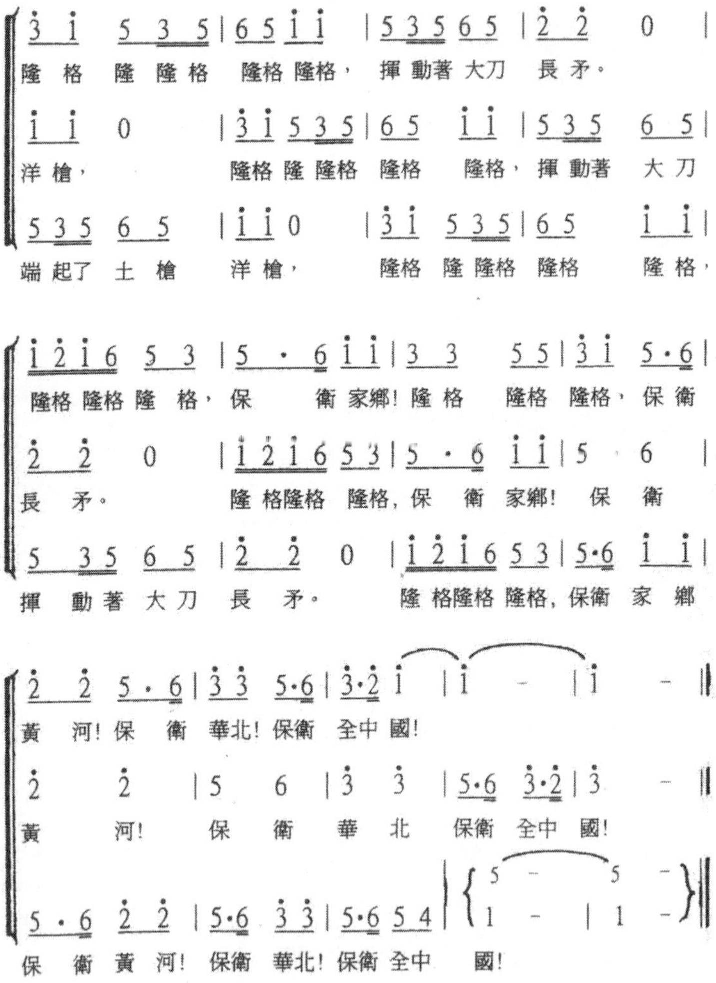
隆 格 隆 隆 格 隆格 隆格， 揮 動著 大刀 長 矛。
洋 槍， 隆格 隆 隆格 隆格 隆格， 揮 動著 大 刀
端 起了 土 槍 洋 槍， 隆格 隆 隆格 隆格 隆 格，
隆格 隆格 隆 格， 保 衛 家鄉！ 隆 格 隆格 隆格， 保 衛
長 矛。 隆 格隆格 隆格， 保 衛 家鄉！ 保 衛
揮 動 著 大 刀 長 矛。 隆 格隆格 隆格， 保衛 家 鄉
黃 河！ 保 衛 華北！ 保衛 全中 國！
黃 河！ 保 衛 華 北 保衛 全中 國！
保 衛 黃 河！ 保衛 華北！ 保衛 全中 國！

陳福成著作全編總目

壹、兩岸關係

①決戰閏八月
②防衛大台灣
③解開兩岸十大弔詭
④大陸政策與兩岸關係

貳、國家安全

⑤國家安全與情治機關的弔詭
⑥國家安全與戰略關係
⑦國家安全論壇。

參、中國學四部曲

⑧中國歷代戰爭新詮
⑨中國近代黨派發展研究新詮
⑩中國政治思想新詮
⑪中國四大兵法家新詮：孫子、吳起、孫臏、孔明

肆、歷史、人類、文化、宗教、會黨

⑫神劍與屠刀
⑬中國神譜
⑭天帝教的中華文化意涵
⑮奴婢妾匪到革命家之路：復興廣播電台謝雪紅訪講錄
⑯洪門、青幫與哥老會研究

伍、詩〈現代詩、傳統詩〉、文學

⑰幻夢花開一江山
⑱赤縣行腳・神州心旅
⑲「外公」與「外婆」的詩
⑳尋找一座山
㉑春秋記實
㉒性情世界
㉓春秋詩選
㉔八方風雲性情世界
㉕古晟的誕生
㉖把腳印典藏在雲端
㉗從魯迅文學醫人魂救國魂說起
㉘六十後詩雜記詩集

陸、現代詩（詩人、詩社）研究

㉙三月詩會研究
㉚我們的春秋大業：三月詩會二十年別集
㉛中國當代平民詩人王學忠
㉜讀詩稗記
㉝嚴謹與浪漫之間
㉞一信詩學研究：解剖一隻九頭詩鵠
㉟囚徒
㊱胡爾泰現代詩臆說
㊲王學忠籲天詩錄

柒、春秋典型人物研究、遊記

㊳山西芮城劉焦智「鳳梅人」報研究
㊴在「鳳梅人」小橋上
㊵我所知道的孫大公

㊶為中華民族的生存發展進百書疏
㊷金秋六人行
㊸漸凍勇士陳宏

捌、小說、翻譯小說

㊹迷情・奇謀・輪迴、
㊺愛倫坡恐怖推理小說

玖、散文、論文、雜記、詩遊記、人生小品

㊻一個軍校生的台大閒情
㊼古道・秋風・瘦筆
㊽頓悟學習
㊾春秋正義
㊿公主與王子的夢幻、
(51)洄游的鮭魚
(52)男人和女人的情話真話
(53)台灣邊陲之美
(54)最自在的彩霞
(55)梁又平事件後

拾、回憶錄體

(56)五十不惑
(57)我的革命檔案
(58)台大教官興衰錄
(59)迷航記、
(60)最後一代書寫的身影
(61)我這輩子幹了什麼好事
(62)那些年我們是這樣寫情書的
(63)那些年我們是這樣談戀愛的
(64)台灣大學退休人員聯誼會第九屆理事長記實

拾壹、兵學、戰爭

(65)孫子實戰經驗研究
(66)第四波戰爭開山鼻祖賓拉登

拾貳、政治研究

(67)政治學方法論概說
(68)西洋政治思想史概述
(69)中國全民民主統一會北京行
(70)尋找理想國：中國式民主政治研究要綱

拾參、中國命運、喚醒國魂

(71)大浩劫後：日本 311 天譴說
日本問題的終極處理

拾肆、地方誌、地區研究

(72)台大逸仙學會
(73)台北公館台大地區考古・導覽
(74)台中開發史
(75)台北的前世今生
(76)台北公館地區開發史

拾伍、其他

(77)英文單字研究
(78)與君賞玩天地寬（文友評論）
(79)非常傳銷學
(80)新領導與管理實務

2015 年 9 月後新著

編號	書　名	出版社	出版時間	定價	字數(萬)	內容性質
81	一隻菜鳥的學佛初認識	文史哲	2015.09	460	12	學佛心得
82	海青青的天空	文史哲	2015.09	250	6	現代詩評
83	為播詩種與莊雲惠詩作初探	文史哲	2015.11	280	5	童詩、現代詩評
84	世界洪門歷史文化協會論壇	文史哲	2016.01	280	6	洪門活動紀錄
85	三搞統一：解剖共產黨、國民黨、民進黨怎樣搞統一	文史哲	2016.03	420	13	政治、統一
86	緣來艱辛非尋常－賞讀范揚松仿古體詩稿	文史哲	2016.04	400	9	詩、文學
87	大兵法家范蠡研究－商聖財神陶朱公傳奇	文史哲	2016.06	280	8	范蠡研究
88	典藏斷滅的文明：最後一代書寫身影的告別紀念	文史哲	2016.08	450	8	各種手稿
89	葉莎現代詩研究欣賞：靈山一朵花的美感	文史哲	2016.08	220	6	現代詩評
90	臺灣大學退休人員聯誼會第十屆理事長實記暨 2015～2016 重要事件簿	文史哲	2016.04	400	8	日記
91	我與當代中國大學圖書館的因緣	文史哲	2017.04	300	5	紀念狀
92	廣西參訪遊記（編著）	文史哲	2016.10	300	6	詩、遊記
93	中國鄉土詩人金土作品研究	文史哲	2017.12	420	11	文學研究
94	暇豫翻翻《揚子江》詩刊：蟾蜍山麓讀書瑣記	文史哲	2018.02	320	7	文學研究
95	我讀上海《海上詩刊》：中國歷史園林豫園詩話瑣記	文史哲	2018.03	320	6	文學研究
96	天帝教第二人間使命：上帝加持中國統一之努力	文史哲	2018.03	460	13	宗教
97	范蠡致富研究與學習：商聖財神之實務與操作	文史哲	2018.06	280	8	文學研究
98	光陰簡史：我的影像回憶錄現代詩集	文史哲	2018.07	360	6	詩、文學
99	光陰考古學：失落圖像考古現代詩集	文史哲	2018.08	460	7	詩、文學
100	鄭雅文現代詩之佛法衍繹	文史哲	2018.08	240	6	文學研究
101	林錫嘉現代詩賞析	文史哲	2018.08	420	10	文學研究
102	現代田園詩人許其正作品研析	文史哲	2018.08	520	12	文學研究
103	莫渝現代詩賞析	文史哲	2018.08	320	7	文學研究
104	陳寧貴現代詩研究	文史哲	2018.08	380	9	文學研究
105	曾美霞現代詩研析	文史哲	2018.08	360	7	文學研究
106	劉正偉現代詩賞析	文史哲	2018.08	400	9	文學研究
107	陳福成著作述評：他的寫作人生	文史哲	2018.08	420	9	文學研究
108	舉起文化使命的火把：彭正雄出版及交流一甲子	文史哲	2018.08	480	9	文學研究

109	我讀北京《黃埔》雜誌的筆記	文史哲	2018.10	400	9	文學研究
110	北京天津廊坊參訪紀實	文史哲	2019.12	420	8	遊記
111	觀自在綠蒂詩話：無住生詩的漂泊詩人	文史哲	2019.12	420	14	文學研究
112	中國詩歌墾拓者海青青：《牡丹園》和《中原歌壇》	文史哲	2020.06	580	6	詩、文學
113	走過這一世的證據：影像回顧現代詩集	文史哲	2020.06	580	6	詩、文學
114	這一是我們同路的證據：影像回顧現代詩題集	文史哲	2020.06	540	6	詩、文學
115	感動世界：感動三界故事詩集	文史哲	2020.06	360	4	詩、文學
116	印加最後的獨白：蟾蜍山萬盛草齋詩稿	文史哲	2020.06	400	5	詩、文學
117	台大遺境：失落圖像現代詩題集	文史哲	2020.09	580	6	詩、文學
118	中國鄉土詩人金土作品研究反響選集	文史哲	2020.10	360	4	詩、文學
119	夢幻泡影：金剛人生現代詩經	文史哲	2020.11	580	6	詩、文學
120	范蠡完勝三十六計：智謀之理論與全方位實務操作	文史哲	2020.11	880	39	戰略研究
121	我與當代中國大學圖書館的因緣（三）	文史哲	2021.01	580	6	詩、文學
122	這一世我們乘佛法行過神州大地：生身中國人的難得與光榮史詩	文史哲	2021.03	580	6	詩、文學
123	地瓜最後的獨白：陳福成長詩集	文史哲	2021.05	240	3	詩、文學
124	甘薯史記：陳福成超時空傳奇長詩劇	文史哲	2021.07	320	3	詩、文學
125	芋頭史記：陳福成科幻歷史傳奇長詩劇	文史哲	2021.08	350	3	詩、文學
126	這一世只做好一件事：為中華民族留下一筆文化公共財	文史哲	2021.09	380	6	人生記事
127	龍族魂：陳福成籲天錄詩集	文史哲	2021.09	380	6	詩、文學
128	歷史與真相	文史哲	2021.09	320	6	歷史反省
129	蔣毛最後的邂逅：陳福成中方夜譚春秋	文史哲	2021.10	300	6	科幻小說
130	大航海家鄭和：人類史上最早的慈航圖證	文史哲	2021.10	300	5	歷史
131	欣賞亞媺現代詩：懷念丁穎中國心	文史哲	2021.11	440	5	詩、文學
132	向明等八家詩讀後：被《食餘飲後集》電到	文史哲	2021.11	420	7	詩、文學
133	陳福成二〇二一年短詩集：躲進蓮藕孔洞內乘涼	文史哲	2021.12	380	3	詩、文學
134	中國新詩百年名家作品欣賞	文史哲	2022.01	460	8	新詩欣賞
135	流浪在神州邊陲的詩魂：台灣新詩人詩刊詩社	文史哲	2022.02	420	6	新詩欣賞
136	漂泊在神州邊陲的詩魂：台灣新詩人詩刊詩社	文史哲	2022.04	460	8	新詩欣賞
137	陸官 44 期福心會：暨一些黃埔情緣記事	文史哲	2022.05	320	4	人生記事
138	我躲進蓮藕孔洞內乘涼--2021 到 2022 的心情詩集	文史哲	2022.05	340	2	詩、文學
139	陳福成 70 自編年表：所見所做所寫事件簿	文史哲	2022.05	400	8	傳記
140	我的祖國行腳詩鈔：陳福成 70 歲紀念詩集	文史哲	2022.05	380	3	新詩欣賞

141	日本將不復存在：天譴一個民族	文史哲	2022.06	240	4	歷史研究
142	一個中國平民詩人的天命：王學忠詩的社會關懷	文史哲	2022.07	280	4	新詩欣賞
143	武經七書新註：中國文明文化富國強兵精要	文史哲	2022.08	540	16	兵書新注
144	明朗健康中國：台客現代詩賞析	文史哲	2022.09	440	8	新詩欣賞
145	進出一本改變你腦袋的詩集：許其正《一定》釋放核能量	文史哲	2022.09	300	4	新詩欣賞
146	進出吳明興的詩：找尋一個居士的圓融嘉境	文史哲	2022.10	280	5	新詩欣賞
147	進出方飛白的詩與畫：阿拉伯風韻與愛情	文史哲	2022.10	440	7	新詩欣賞
148	孫臏兵法註：山東臨沂銀雀山漢墓竹簡	文史哲	2022.12	280	4	兵書新注
149	鬼谷子新註	文史哲	2022.12	300	6	兵書新注
150	諸葛亮兵法新註	文史哲	2023.02	400	7	兵書新注
151	中國藏頭詩(一)：范揚松講學行旅詩欣賞	文史哲	2023.03	280	5	新詩欣賞
152	中國藏頭詩(二)：范揚松春秋大義詩欣賞	文史哲	2023.03	280	5	新詩欣賞
153	華文現代詩三百家	文史哲	2023.06	480	7	新詩欣賞
154	晶英客棧：陳福成詩科幻實驗小說	文史哲	2023.07	240	2	新詩欣賞
155	廣州黃埔到鳳山黃埔：44 期畢業 50 週年暨黃埔建校建軍百年紀念	文史哲	2023.08	340	5	歷史研究
156	神州邊陲荒蕪之島：陳福成科幻生活相片詩集	文史哲	2023.10	500	2	新詩欣賞
157	在北京《黃埔》雜誌反思	文史哲	2024.01	320	5	文學研究

陳福成國防通識課程著編及其他作品

（各級學校教科書及其他）

編號	書　　名	出版社	教育部審定
1	國家安全概論（大學院校用）	幼　獅	民國 86 年
2	國家安全概述（高中職、專科用）	幼　獅	民國 86 年
3	國家安全概論（台灣大學專用書）	台　大	（臺大不送審）
4	軍事研究（大專院校用）（註一）	全　華	民國 95 年
5	國防通識（第一冊、高中學生用）（註二）	龍　騰	民國 94 年課程要綱
6	國防通識（第二冊、高中學生用）	龍　騰	同
7	國防通識（第三冊、高中學生用）	龍　騰	同
8	國防通識（第四冊、高中學生用）	龍　騰	同
9	國防通識（第一冊、教師專用）	龍　騰	同
10	國防通識（第二冊、教師專用）	龍　騰	同
11	國防通識（第三冊、教師專用）	龍　騰	同
12	國防通識（第四冊、教師專用）	龍　騰	同

註一　羅慶生、許競任、廖德智、秦昱華、陳福成合著，《軍事戰史》（臺北：全華圖書股份有限公司，二〇〇八年）。

註二　《國防通識》，學生課本四冊，教師專用四冊。由陳福成、李文師、李景素、頊臺民、陳國慶合著，陳福成也負責擔任主編。八冊全由龍騰文化事業股份有限公司出版。